教養として読んでおきたい「十七条憲法」

永崎孝文
Takafumi Nagasaki

致知出版社

「憲法十七条」は、日本人の〝すがた〟であり、
〈和〉は、日本人の〝遺伝子〟です。

淡泉

序文　人生三分の計

すべての人にとって、一日に与えられた時間は等しく二十四時間です。これを三分すれば、八時間は睡眠・休養で、仮に八時間を労働あるいは勉学にあてれば、残りの八時間は自由です。

同じように人の一生を三分すれば、まずは両親や師友そのほか多くの人たちのお世話になって生きる〝第一の人生〟、続いて仕事を通じて世の中に貢献していく〝第二の人生〟、そして三つ目は、己《おの》れの欲するところに従って生きる〝第三の人生〟となります。そして大事なことは、わが人生の最期に臨んで「ああ、俺（私）の人生、満足だった！」といえるかどうかは、〝第三の人生〟をいかに生きるかにかかっているということです。

仮に、〝第一の人生〟で神童《しんどう》と呼ばれようとも、また〝第二の人生〟で栄華を極めたとしても、〝第三の人生〟が満足できなければ決して幸福な人生であったとはいえないでしょう。逆に、第一の人生でつまずいたとしても、また第二の人生が左遷や病気療養の人生であったとしても、第三の人生がよいものであれば、きっとその人の人生は満足のいくものであるに違いない。

その第三の人生をいかに積極的に生きるかは、第二の人生をいかに誠実に生きるかにかかっています。栄華を極めることでもなく、左遷や罹病《りびょう》に落胆することでもなく、その折々に自分に与えられた役割・責任を誠実に果たしていくことが、第三の人生において前向きに取り組むヒントを生み出してくれます。

その第二の人生を誠実に生きる心構えやその智慧・知識を育むために第一の人生があります。つまり、第一の人生では、偏差値にこだわる勉強ではなく、わが人生のものさしをみつけ出すための基本的思考力を養えばいいのです。他人《ひと》と比較するのではなく、自分にできる最善の努力をすればいいのです。

大事なことは、三分された〝第一の人生〟〝第二の人生〟〝第三の人生〟それぞれの意義をどれだけ認識して誠実に生きるかです。人生を大局的な見地から見据えてみる、これが「人生三分の計」です。

さて、本稿は法隆寺界隈で開催した連続講座『「憲法十七条」を活学する』を整理し、一部修正・加筆したものです。毎月一回二時間十ヵ月に及ぶ連続講座での主たるテーマは、聖徳太子の策定とされる「憲法十七条」の条文を味読《みどく》することにより、《「憲法十七条」のこころ》つまり《和の精神《こころ》》を実人生に活《い》かそうということでした。

「憲法十七条」に託された聖徳太子の声を通して太子その人の人格に接し、その意《こころ》に触れ、そこから得られたものをわが人生に活かしていこうと。その講座の趣旨はそのまま本稿の趣旨でもあり、この内容はこれからの日本を担う青壮年の皆さんに十分役立てていただけるものと思います。

本著を手にとられた皆さんは、いずれも〝第一の人生〟か〝第二の人生〟あるいは〝第三の人生〟のただ中を生きておられるわけです。

仮に〝第一の人生〟でつまずいたとしても、やり直しはいくらでもできます。地位や財産にとらわれることなく、「人生を大局的にとらえ、あせることなく己れに確たる志を持つようにして、その志に向かって生きる」こと。そういう充実した

「人生三分の計」を実践して、人生の最期に「俺（私）の人生、まんざら捨てたものでもなかったな」といえれば本望《ほんもう》ではないでしょうか。

そのためには、人生を通して常に学び続けることです。その一つの方法論として、「憲法十七条」を古《いにしえ》の史料として学識的に考究するのではなく、実人生に活かす読み方でもって己れの人生をみつめなおすことが大切となりましょう。

最後に、本著のタイトルである「十七条憲法」につきまして、日本の正史である『日本書紀』には聖徳太子策定による「憲法十七条」と明記されていますので、本稿では『日本書紀』の記載に合わせて「憲法十七条」としていることをお断りしておきます。

教養として読んでおきたい「十七条憲法」＊目次

序文　人生三分の計　2

序論　「憲法十七条」と「冠位十二階」　13

1　神道と儒教・仏教　14
2　聖徳太子の人生と時代背景　21
3　「憲法十七条」と「冠位十二階」との相関性　33

本論　「憲法十七条」を読む　45

第一条　和を以て貴しと為す　46
――〈和〉とは〝共生き〟のこころ
第二条　篤く三宝を敬え　54

――「仏・法・僧」とは「師・志・友」
第三条　詔を承りては必ず謹め　63
――〝長たる者〟の念（おもい）
第四条　礼を以て本と為よ　72
――自己を節し、相手を敬する
第五条　明らかに訴訟を辨めよ　80
――「慎独」と「知足」と「配置の妙」
第六条　悪を懲らし善を勧むる　89
――心は水のごとく清し
第七条　掌ること宜しく濫ならざるべし　98
――〝人物〟となるための基本的覚悟
第八条　早く朝りて晏く退れ　107
――段取り七分、仕事三分
第九条　信は是れ義の本なり　116
――〈義〉とは、我を美しくするもの

第十条　人の違うを怒らざれ
——三つの〝いかり〟と不動明王　125
第十一条　功過を明察して、賞罰必ず当てよ
——行蔵は我に存す。毀誉は他人の主張　134
第十二条　百姓より斂めとること勿れ
——日本のお国柄と「日の丸」「君が代」　143
第十三条　同じく職掌を知れ　152
——職場の組織風土と人間関係
第十四条　嫉妬有ることなかれ　161
——嫉妬を棄て去る工夫
第十五条　私に背きて公に向う　170
——「大志」と「野心」の違い
第十六条　民を使うに時を以てする　179
——日本的労働の原点と〝けいめい〟
第十七条　衆と与に宜しく論ずべし　188

――〝独断専行〟と〝兼聴独断〟

跋文　〝一隅を照らす〟これすなわち国宝なり　198

付録
引用文献
主要参考文献

装　幀――川上奈々
編集協力――柏木孝之

序論

「憲法十七条」と「冠位十二階」

1　神道と儒教・仏教

●自然の中にカミを感じた日本人

はるか昔、この日本列島に、オホーツク海方面から北方部族が、南西諸島方面から南方部族が、さらには大陸から西方部族がやってきて、やがて混血・混和して一つの日本民族が形成されていきました。それぞれの部族には、当然それぞれの文化や部族信仰があったと思われますが、部族の混血・混和に伴ってそれらの文化・部族信仰も習合され、日本列島の風土の下《もと》で日本独特の文化・民俗信仰が形成されることになります。それが日本人であり、日本民族の文化・信仰の源です。

縄文時代、日本人は自然界の動植物を狩猟採集して食料としていました。ドングリなどの木の実や食用野草類、そして川や海からとれる魚貝類など多様な天然資源を食料としていたことから、人びとはそのような食料を与えてくれる自然界の何もの
かに対して畏れと感謝の念を抱くようになったと思われます。また、弥生時代には稲作が日本列島にも渡来し、この稲作においても必要な雨や日照など、自然の力

に対する畏怖と感謝を忘れることはありませんでした。

　このように、日本人は四季の移ろいの中で人びとに恩恵を与えてくれる何ものかに感謝してきたわけですが、自然には晴れて穏やかな日もあれば風雨のさかまく嵐や雷の日もあり、時には地震による山崩れや洪水あるいは落雷による火災などの被害をもたらすこともありました。

　そのような自然の諸相の中に、日本人は人知《じんち》を超えた霊力をみてきたわけです。人びとは、そのような荒ぶる力（荒魂《あらみたま》）や穏やかな和らぎの力（和魂《にぎみたま》）を持つ霊的なものを、やがて「カミ」として畏れ敬い、自然界における人（己れ自身）の微力さを自覚して祈りと感謝をささげる信仰を持つようになります。

　このように、日本人は山・川・海・風・雷・雨など自然の諸相の中にカミ（神）を感じ、例えば山の大木《たいぼく》や巨岩あるいは海の岩礁《がんしょう》などを神々の〝依《よ》り代《しろ》〟とみてしめ縄を張り、食べ物などを供えて神を祀《まつ》るようになるわけですが、そういった〝八百万神《やおよろずのかみ》〟およびその神霊・神威に対する祭祀を含めた信仰を、いつの頃からか「神道《しんとう》」と称するようになります。

　つまり、神道というのは日本の風土の下に生まれた民俗信仰であり、その本質は自然崇拝が源であるといえます。あらゆる自然の中に神を感じとり祀るという自然崇拝は、魂魄《こんぱく》観ともあいまって自ずと自分たちの親・祖先を敬い崇《あが》める祖先崇拝につながり、さらには地域・氏族《うじぞく》を守る神（氏神《うじがみ》）への祀りを通して瑞穂《みずほ》の国（日本《にっぽん》）を統《す》べる天皇を尊崇する天皇崇拝へと展開していきます。

●「儒教」「仏教」の伝来と、その経緯

「神道」ということばがいつ頃から使われるようになったのかは不明ですが、自然崇拝を本源とする神道が民俗信仰として深く根を下ろしていたこの日本に、やがて大陸から外来思想が伝来してきます。「儒教」と「仏教」です。

まず「儒教」ですが、『古事記』の応神《おうじん》天皇の御代《みよ》（四世紀中頃か）に、和邇吉師《わにきし》が『論語』十巻ならびに『千字文《せんじもん》』一巻を伝えたとあり、『日本書紀』にも諸々の典籍に通達していた王仁《わに》が来朝した記事がみえます。

次いで、『日本史年表』[1]によれば（五一三年：百済《くだら》、五経博士段楊爾《ごきょうはかせだんように》をすすめる（紀））とあり、続いて（五一六年：百済、段楊爾にかえて、五経博士漢高安茂《あやのこうあんも》をすすめる（紀））とあります。「紀」とは『日本書紀』のことで、「五経」とは

『易経《えききょう》』・『詩経《しきょう》』・『書経《しょきょう》』・『礼記《らいき》』・『春秋《しゅんじゅう》』といった中国の経典《けいてん》をいいます。つまり、六世紀初頭には『論語』をはじめとする諸々の経典がわが国に伝えられており、これが一般的にわが国への「儒教伝来」とされています。

ただし、中国で生まれた〝本来の儒教〟は、魂《こん》・魄《はく》に関わる先祖崇拝を基調とする宗教でしたが、日本に儒教を伝えたのは〝五経博士〟であり、主たる内容も体系化された理論である「五経」や『論語』が中心でした。それらは後に「儒学」とも称されるようになりますが、日本に伝来した儒教については、当時の最先端の学問つまり政治学・帝王学としてわが国に受容されたと考えられます。


一方「仏教公伝」について、『日本史年表』[1]によれば〔五三八年：百済の聖明王《せいめいおう》、仏像と経論《きょうろん》を朝廷におくり、仏教が公伝される〕とあり、また〔五五二年：百済の聖明王、釈迦仏像と経論を献ずる。仏像礼拝の可否を群臣に問う〕とあります。前者は『上宮聖徳法王定説《じょうぐうしょうとくほうおうていせつ》』および『元興寺伽藍縁起《がんごうじがらんえんぎ》』（正式には、元興寺伽藍縁起《がんごうじがらんえんぎ》并《ならびに》流記資材帳《るきしざいちょう》）にみえる説であり、後者は『日本書紀』にみえる説です。

実際には年表上の年代以前よりなんらかの形で民間には伝わっていたのでしょう

が、いずれにしろ、儒教も仏教も六世紀初頭には百済からわが国に伝えられていました。百済は六世紀に入って新羅《しらぎ》から侵略を受けており、それに対処するために日本の援助を受ける必要に迫られていたのです。儒教および仏教の伝来は、新羅侵略に苦慮していた百済の外交政策の一環として行われたものと考えられます。

さて、仏教公伝が五三八年であったにしろ、五五二年であったにしろ、当時、この経論《きょうろん》の内容・思想といったものを理解しえた人は少なく、人びとが関心を持ったのは、神秘的な美をたたえた仏像そのものでした。

『日本書紀』によれば、時の天皇であった欽明《きんめい》天皇も「西の異国からきた仏の相貌《かお》端厳《きらぎら》し、これを祀るべきか」と群臣に問い、蘇我稲目《そがのいなめ》が仏像礼拝に賛成したのに対して、物部尾輿《もののべのおこし》と中臣鎌子《なかとみのかまこ》は反対しました。その反対理由は、「改めて蕃神《あだしくにのかみ》を拝みたまわば、恐るらくは国神《くにつかみ》の怒《いかり》を致したまわん」ということでした。つまり、わが国の天皇は春夏秋冬に天神地祇《てんじんちぎ》を祀ってきたのに、それをやめてよそからきた神を拝めば、おそらく国神の怒りを招くであろうと述べたのです。

この口上《こうじょう》にみるように、仏像（蕃神）はわが国の八百万《やおよろず》の神々と同じような神つまり新参《しんざん》の渡来神《とらいじん》として受け取られたわけです。要するに、蘇我氏も物部氏・中臣氏も、仏教の内容・思想について争ったのではなく、仏像を祀るべきか否かということにこだわったのであり、反対派は折しも流行《はや》った疫病を〝わが国の神の怒り〟ととらえたわけです。

●「神道」と聖徳太子

翻って、「神道」ということばが初めて史料に出てくるのは、『日本書紀』「用明《ようめい》紀」にある「天皇、仏法を信じ、神道を尊ぶ」です。用明天皇の時代に「神道」ということばが実際に使われていたのか、あるいは『日本書紀』の編者による造語かは定かではありませんが、この文言《もんごん》から〔日本の風土の下《もと》で、自然に対する畏怖あるいは崇拝の念というものが用明天皇にも受け継がれていたこと、そして用明天皇の王子《みこ》であった聖徳太子もまた「仏法を信じ、神道を尊ぶ」の立場であったこと〕が推察できます。

さらには、『日本書紀』「推古《すいこ》天皇十五年」（六〇七年）に、推古天皇が「わが国では、昔からわが皇祖の天皇たちがつつしんで敦《あつ》く神祇《かみ》を禮《れい》してきたことから、世の中がうまく治まってきたのだ。わが世においても、神祇の祭祀《まつり》をどうして怠ってよいものであろうか。群臣は共に心を尽くしてよろしく神祇を拝するように」といわれ、「聖徳太子と蘇我馬子《そがのうまこ》が百寮《ひゃくりょう》を率《ひき》いて神祇を祀り拝された」とあります。

神道を尊んだ用明天皇は聖徳太子の父であり、神祇《かみ》を拝するようにといった推古天皇は用明天皇の妹つまり聖徳太子の叔母《おば》にあたります。この事項からも、聖徳太子が民俗信仰として深く根を下ろしていた神道を信じていたことは間違いないでしょう。

本論で改めて考察していきますが、「憲法十七条」の条文の中には「神」とか「神道」といったことばは出てきません。それは、〔神祇《かみ》を敬い祀ること〕がわが国古来の伝統的民俗信仰であって、ことさら「神」について規定・言及する必要がなかったからだと思われます。

『日本書紀』によれば、聖徳太子は「内教《ないきょう》を高麗《こうらい》の僧慧慈《えじ》に習い、外典《げてん》を博士覚哿《かくか》に学び、並びに悉《ことごと》く達《さと》りたまいぬ」とあります。内教というのは仏教のこと、外典というのは主に儒教のこと、博士というのは五経博士のことです。聖徳太子は、民俗信仰としての神道の基盤の上に仏教および儒教の思想を学び、ことごとく自分のものとされたということです。

これから考察していく「憲法十七条」については、仏教的・儒教的に、とりわけ仏教的に解釈されることが多いわけですが、その根底には神道に対する信仰が根付いていたことを忘れてはなりません。

2　聖徳太子の人生と時代背景

●四期に分けて考察する聖徳太子の生涯

聖徳太子については、「若くして皇太子に立てられ、摂政として国家の命運を担い、冠位十二階や憲法十七条を制定して政治を整え、遣隋使を派遣して大国・隋との外交に新局面を開き、国史を編纂《へんさん》し、仏法を興隆して法隆寺・四天王寺などいくつかの寺を建立《こんりゅう》するばかりでなく、勝鬘経《しょうまんぎょう》や法華経《ほけきょう》を講説し、維摩経《ゆいまぎょう》を含めた『三経義疏《さんぎょうぎしょ》』を撰述し、積極的に海外の文化を吸収して飛鳥文化を開花させた偉大な聖人であった」といった、お馴染《なじ》みの紹介で一応は終わってしまいます。しかし、これだけの説明では、あまりにも味気《あじけ》ないではありませんか。

人の一生というものは、喜怒哀楽の経験を何度も何度も積み重ねることによって個々の人生が彩《いろど》られていくものであり、聖徳太子の人物像についても、このような通り一遍の紹介でとらえるだけでは生身《なまみ》の人間像というものが描けません。そこで、まずは聖徳太子（廏戸王子《うまやとのみこ》）の生涯を大きく四期に分けて、その時代背景と太子の人物像を概説したいと思います。

●蘇我氏の環境下で、いろいろな経験を積まれた「学生期」

【第一期】は、五七四年の「廏戸王子誕生」から五九二年の「推古女帝、即位」まで、年齢でいえば一歳から十九歳までの期間です。廏戸王子がいろいろなことを学ばれた時期ですので、個人的には「学生期《がくしょう》」と名付けています。

廏戸王子の父・用明天皇は、欽明天皇と蘇我稲目《そがのいなめ》のむすめである堅塩姫《きたしひめ》との間に生まれ、母・穴穂部間人王女《あなほべのはしひとのひめみこ》は欽明天皇と小姉君《おあねぎみ》（堅塩姫の妹）との間に生まれていますので、王子《みこ》の両親は蘇我氏の血を受け継いだ異母兄妹です。

また、廏戸王子の妃《きさき》の一人である刀自古郎女《とじこのいらつめ》は、時の権力者であった大臣《おおおみ》・蘇我《そがの》馬子《うまこ》のむすめであり、馬子の父が稲目であることから、廏戸王子の父も母も妃もみな蘇我稲目の孫にあたります。当時は、母親の下《もと》で育てられるのがならわしでしたから、厩戸王子は蘇我氏の濃厚な環境の下で養育されました。

厩戸王子十歳の五八三年、蘇我馬子が仏殿を造り仏像を拝むわけですが、王子は、当時まだ珍しかった仏殿や仏像を目《ま》の当たりにしたこの頃から、強く外来文化を意識したに違いありません。しかし五八五年、国家祭祀に仏教を導入することに反対する物部守屋《もののべのもりや》と中臣勝海《なかとみのかつみ》は仏殿を焼き、仏像を難波《なにわ》の堀江《ほりえ》に棄て、崇仏《すうぶつ》派の蘇我氏と物部氏が皇位継承に絡んで対立します。

物部守屋は一般的に廃仏《はいぶつ》派とされていますが、本拠地の渋川《しぶかわ》（今の八尾市）に寺が建立されていた跡が発見されていますので、必ずしも廃仏派とはいい切れません。渋川の寺については、守屋が討たれた後に〝守屋を弔うために建てられたもの〟とする説もありますが、守屋が根っからの廃仏派であれば、守屋を弔うのにわざわざ〝仏教の寺〟など建てないのではないかと思います。

さて、その権力闘争の過程で、五八六年、守屋は推古天皇の忠臣であった三輪君《みわきみ》逆《さかう》を殺害し、一方の馬子は守屋派であった中臣勝海や皇位を狙っていた穴穂部王《あなほべのみ》子《こ》および宅部王子《やかべのみこ》を殺害し、その後守屋をも討伐します。馬子の妻は守屋の妹でしたから、義兄弟同士で戦ったわけです。さらに五九二年、日本史上唯一とされる臣下による天皇暗殺、つまり馬子の指図《さしず》による崇峻《すしゅん》天皇暗殺事件が起きます。

このように、目の前で繰り広げられる権力闘争、それも血を分けた者や親せき同士の血なまぐさい無道な闘争は、早くに父を亡くし（王子十四歳の時に用明天皇崩御《ほうぎょ》）、また感じやすい少年期・青年期にあった廐戸王子にとっては、大変に辛いことであったろうと思います。

一方、中国では、五八九年に隋が陳を滅ぼして中国を統一します。そして、朝鮮半島では、高句麗《こうくり》・新羅・百済が大国・隋の冊封体制《さくほうたいせい》に組み込まれていきます。

以上が、聖徳太子の第一期「学生期」の人生ならびに時代背景です。

●長老健在で、従来の政治を踏襲せざるを得なかった「雌伏期」

【第二期】は、五九三年の「廐戸王子、摂政」から六〇〇年の「第一次遣隋使派遣」まで、年齢でいえば二十歳から二十七歳までの期間です。『日本書紀』には、「廐戸王子を立てて太子とし、政《まつりごと》を摂《つかさど》らしめ、万機《ばんき》を以《もっ》て悉《ことごと》くに委《ゆだ》ねる」とあることから、安易に「聖徳太子が摂政となった」とされていますが、この時代にはまだ正式な「摂政」という職位はありませんでした。

また、政に参画するようになったとはいっても、廏戸王子は政治家としては新人であり、それまで政を取り仕切ってきた氏姓制度上の長老たちや、彼らを牛耳《ぎゅうじ》っている蘇我馬子を抑える力はまだなく、これまでの政の慣習を踏襲せざるを得なかった時期ですので、個人的にはこの時期をあえて「雌伏期《しふくき》」と名付けています。

第二期を考察する上で重要なことは、五九五年に高句麗僧・慧慈《えじ》および百済僧・慧聡《えそう》が来朝したことです。慧慈と慧聡は、廏戸王子の仏教の師となるわけですが、同時に太子が政を摂る上でのブレーンでもあったようです。恐らく、太子が本格的に仏教の経典《きょうてん》を学んだのはこの時からでしょうが、執政者である第二期の太子は、仏教を純粋に〝宗教〟として学ぶというよりは、むしろ政や国造りに活かす〝最先端の学問〟として受容していったものと思われます。

そして、六〇〇年に「第一次遣隋使」が派遣されることになりますが、これについては屈辱的な外交に終わったことが『隋書《ずいしょ》』「倭国伝《わこくでん》」により明らかです。隋の皇帝・文帝《ぶんてい》から〝日本の風俗や政〟について尋ねられたわが国の使者が、〈天未だ明けざる時に出《い》でて政を聴き、跏趺《あぐら》して坐る。日出《い》づればすなはち理務《つとめ》を停《や》め、「わが弟に委《ゆだ》ねむ」」と応《こた》えたことで、文帝から、「此《こ》れ大いに義理《ことわり》なし」「ここにおいて、訓《おし》へて、之《これ》を改めしむ」といわれています。

恐らくは、〔アニミズム的（いわゆる万物有魂《ばんぶつゆうこん》・精霊崇拝《せいれいすうはい》）・シャーマニズム的（巫《み》女《こ》・呪術者《じゅじゅつしゃ》の託宣《たくせん》信仰）なことばかりやっていて、朝堂もなければ朝礼もない。冠位制もなければ律令もない。実に政治的レベルの低い国であり、これからご政道のやり方を一つずつ教えてやろうではないか〕というようなことをいわれたものと思われます。要は、低俗で文化的レベルの低い未開発国として軽蔑されたわけです。

以上が、聖徳太子の第二期「雌伏期」の人生ならびに時代背景です。

●内政の充実を図り、遣隋使外交で日本の立場を明確にした「立命期」

【第三期】は、六〇一年の「廏戸王子、斑鳩宮《いかるがのみや》造営着手」から六〇七年の「第二次遣隋使派遣」まで、年齢でいえば二十七歳から三十四歳までの期間です。この時は、廏戸王子も政界に入ってすでに七年が経過しており、推古天皇・蘇我馬子・廏戸王子のトロイカ体制を維持しながらも、実質的には若き青年宰相として内政充実を主導していった廏戸王子大活躍の時期で、これを「立命期《りつめい》」と名付けています。廏戸王子は、六〇一年から斑鳩の地に宮を造り始めますが、これは〔蘇我馬子との権力闘争に敗れたから〕などという俗説によるものではありません。実際、馬子と太子が共に推古天皇を支えたという記述はあっても、太子と馬子が対立していたことを明確に記した史料はありません。

太子が斑鳩の地を選んだ理由としては、以下の点が挙げられます。

一つは、斑鳩の地が、竜田道《たつたみち》あるいは大和川に沿って下れば難波に通じ、難波津《なにわつ》から瀬戸内海、九州を経て、そのまま隋の都・大興城《たいこうじょう》（長安の近く）へも通じる〝文化拠点〟として相応《ふさわ》しかったことです。つまり、外国特に隋の文物《ぶんぶつ》や外交に必要な情報を取り入れるのに最適な重要拠点とみたからで、それは後年、斑鳩にほぼ隣接して平城京が造られたことでも察せられます。

また一つは、太子の側近中の側近である秦河勝《はだのかわかつ》（新羅系の豪族）の本拠である山背《やましろ》と、四天王寺を拠点とする難波の中間点に位置することから、何か事が起こった時は山背・難波の双方に連絡が取りやすい〝要衝《ようしょう》の地〟であるということです。

また一つは、斑鳩の地がかつて滅ぼされた物部氏の息のかかった領域であり、〝主《あるじ》を失った物部氏の遺民・遺臣たちの人心を和する目的〟があったということと併せて、後に太子の墓に合葬《がっそう》される菩岐々美郎女《ほききみのいらつめ》の父・膳臣傾子《かしわでのおみかたぶこ》（彼もまた物部派であった）の本拠地であったことも強く影響していたのでしょう。

もう一つ、「東に川あれば青龍《せいりゅう》、西に道あれば白虎《びゃっこ》、南に池あれば朱雀《すざく》、北に山あれば玄武《げんぶ》のごとし」といった陰陽思想の〝四神相応《しじんそうおう》の地相〟が、都を営むに最適とされたことを太子も知っていた可能性があります。斑鳩は、「東に富雄《とみお》川・佐保《さほ》川があり、西に竜田道・生駒山地沿いの道があり、南に池のような大和川があり、北に矢田丘陵あるいは生駒山《いこまやま》がある」ことから、太子は、天皇になった際には、この斑鳩の地を国都にしようと考えていたのかもしれません。

いずれにしろ、このような幾重《いくえ》にも重要な土地を、当時の権力者であった蘇我馬子と対立していた人物が容易に得られたはずはなく、当然馬子も承知の上で斑鳩の地に移ったものと考えるのが妥当です。

さて、「第一次遣隋使」の屈辱外交の後、矢継ぎ早に内政充実策が具体的に打ち出されてきます。まず、六〇三年七月に、それまでトラウマになっていた朝鮮半島の新羅攻撃を中止します。そして、十月には小墾田宮《おはりだのみや》に正規の朝堂を建てて〝政《まつりごと》〟の場を遷《うつ》し、十二月に「冠位十二階」を制定し、翌年一月に施行《しこう》します。続いて六〇四年四月に「憲法十七条」を策定し、さらに九月には朝礼を改めます。この朝礼というのは、朝廷における礼儀・作法および政の進行法などのことです。

そして廏戸王子は、隋が受け入れてくれそうな国造りをある程度成しえた自信をもって、六〇七年、「第二次遣隋使」を派遣します。その時の国書が、お馴染みの、「日出《ひい》づる処《ところ》の天子、書《しょ》を日《ひ》没する処の天子に致《いた》す。恙《つつが》なきや（云々《うんぬん》）」です。

当時、高句麗・新羅・百済は、いずれも隋の冊封体制下にありました。朝鮮半島では、その後の李氏《りし》朝鮮の時代も、さらには近代に至るまで一貫して中国を宗主国《そうしゅこく》として仰ぎ、長く冊封体制下に置かれていました。現在の韓国・北朝鮮も、未だに中国の顔色をうかがっているありさまです。それに比べて日本は、聖徳太子の時代から冊封を受けずに独立国としての面目《めんもく》を保っています。その歴史はまさにここに始まっており、新羅攻撃中止と遣隋使外交は、大英断であったといえるでしょう。

以上が、聖徳太子の第三期「立命期」の人生ならびに時代背景です。

●国造りが一段落し、改めて仏教に向きあった「内観期」

【第四期】は、六〇八年の「第三次遣隋使派遣」から六二二年の「廏戸王子、崩《ほう》御《ぎょ》」まで、年齢でいえば三十五歳から四十九歳までの期間です。「第三次遣隋使派遣」に際しては、高向玄理《たかむくのくろまろ》・僧旻《そうみん》・南淵請安《みなぶちのしょうあん》ら有意な人材八人を留学させ、十年先を見据えた人材育成を図るわけですが、実際に彼らは後の「大化改新《たいかのかいしん》」以降に活躍することになります。

こうして内政を充実させ、外交を整え、人材育成・人材登用の種まきをして国造りを進めてきた倭国がようやく独立国らしくなり、政《まつりごと》を摂《つかさど》ってきた廏戸王子にとっては、やっと〝内観可能な余裕〟が生まれた時期と思われますので、これを「内観期《ないかんき》」と名付けています。

この内観期の中で歴史的に重要なことは、六一〇年に高句麗王が僧・曇徴《どんちょう》らを貢上《こうじょう》してきたことで、この曇徴がわが国に紙・墨などの製法を伝えてくれました。もちろん、それまでも紙・墨はありましたが、すべて大陸から伝えられたものですから非常に貴重であり、それらを実際に使えたのはごくごく一部の人でした。それまでの情報伝達は口承《こうしょう》が中心でしたが、紙・墨の製法が伝えられ、逐次《ちくじ》普及するにつれて〝書き留める〟ことが多くなっていきます。

さて、六一五年四月、わが国最古の書物とされる『三経義疏《さんぎょうぎしょ》』が揃《そろ》います。ただ、『日本書紀』には『三経義疏』の記載がなく、太子のご親筆《しんぴつ》であったかどうかの疑義が呈せられています。その論戦については、論拠となる史料が乏しく、半ば水掛け論的様相を呈している状況です。

ただ、『三経義疏』は誤りの多い変格漢文続きであり、中国の優れた学僧の作では決してありえないと考えられること、つまりわが国の学問的レベルの非常に高い人物による作であろうと考える説が有力です。当時において該当する人物といえば、歴史資料上、聖徳太子をおいて他には考えられないのではないでしょうか。

さらに六二〇年、廏戸王子は、蘇我馬子とともに蘇我氏一族として『天皇記《すめらみことのふみ》』『国記《くにつふみ》』の編纂《へんさん》に参画されます。この『天皇記』『国記』については、以下のようなことが考察されます。

つまり、七一二年に編纂された現存最古の日本の歴史書・文学書である『古事記』は、稗田阿礼《ひえだのあれ》が誦習《しょうしゅう》した「帝紀《ていき》」「旧辞《くじ》」を太安万侶《おおのやすまろ》が文章に記録したものとされていますが、この「帝紀」というのは皇室の記録であり、それを整理し直したのが『天皇記』ではないか。また「旧辞」というのはわが国の神話や伝説の記録であり、それを整理し直したのが『国記』ではないか。これら「帝紀」「旧辞」および『天皇記』『国記』は、その後『古事記』や『日本書紀』に収斂《しゅうれん》されることで顧みられなくなり、やがて忘れられ失われていったのではないか。もしかしたら、『天皇記』あるいは『国記』には「憲法十七条」や「冠位十二階」についてのさらに詳しい記述があったのではないか。

『天皇記』『国記』が失われてしまった今となっては如何《いかん》ともしがたい考察ですが、この『天皇記』『国記』が完成した二年後の六二二年、廏戸王子は崩御されます。

以上が、聖徳太子の人生とその時代背景の概要です。序文で述べた「人生三分の計」に照らして大まかにいえば、第一期「学生期」が〝第一の人生〟、第二期「雌伏期」と第三期「立命期」が〝第二の人生〟、そして第四期「内観期」が〝第三の人生〃に相応するように思います。

皆さんも、この聖徳太子の人生にみるように、自らの人生を「人生三分の計」として俯瞰的《ふかんてき》にとらえ、その上で二度と帰らぬ〃いま、その時〃を誠実に生きることが大切です。

3　「憲法十七条」と「冠位十二階」との相関性

●変則的「五常」の上に〈徳〉を置いた「冠位十二階」の工夫と独自性

改めて、聖徳太子の〃第二の人生〃に着目しますと、六〇〇年の「第一次遣隋使派遣」の折、隋の皇帝から政治的にも文化的にもレベルの低い未開発国といった烙《らく》印《いん》を押され、屈辱外交に終わったことに当時の為政者たちが意気消沈したことがうかがわれます。この時点から、それまでの長老たちに替わって聖徳太子を青年宰相とした国造りが始まり、矢継ぎ早に内政充実策が具体的に打ち出されていったことは前述したとおりです〔第三期「立命期」〕。

その過程で、六〇三年十二月に「冠位十二階」を制定し、翌六〇四年一月に施行します。続いて、同年四月に「憲法十七条」を策定します。もちろん、「冠位十二階」も「憲法十七条」も聖徳太子が一人で一から策定したわけではなく、太子の政《まつりごと》のブレーンやスタッフを中心に多くの知識人も携わって制作が進められたはずです。そうしてまとめられたものを、太子が改めて調整・編纂《へんさん》し直したものと思われます。

注目すべきは、この「冠位十二階」と「憲法十七条」の制作が同時並行で進められたことです。ここで、その内容を概略的にのぞいてみましょう。

まず「冠位十二階」は、〔徳《とく》・仁《にん》・礼《らい》・信《しん》・義《ぎ》・智《ち》〕という爵号を〔大と小〕に分けて十二階の爵位としたわけですが、これは儒教の徳目である「五常《ごじょう》」すなわち〔仁《じん》・義《ぎ》・礼《れい》・智《ち》・信《しん》〕の順列を入れ替え、さらに「五常」の上に新たに〈徳〉を置くという独特な爵号になっています。すなわち「冠位十二階」では、「五常」の中で最高の徳目とされる〈仁《じん》〉に次いで、〈義〉ではなく〈礼《れい》〉を置き、また〈信〉を〈義〉の上位に置いた上で、さらに〔仁《にん》・礼《らい》・信《しん》・義《ぎ》・智《ち》〕というそれぞれの徳目の総和および調和として〈徳〉を最上位に位置づけています。

この〔仁・礼・信・義・智〕の総和、および調和こそが「憲法十七条」の〈和〉であり、儒教の徳目である「五常」に工夫を加えて統治階級の規範として再構築したところに、「冠位十二階」の独自性がみられます。この独自性には、聖徳太子の理想および官僚たちに対する期待が込められており、その思いが具体的に「憲法十七条」の各条文に反映されているわけです。

●憲法は「人として正しく生きるための〝てほん・みち〟」

次に、この「冠位十二階」と「憲法十七条」各条文との相関性をみていきたいと思います。「憲法十七条」の「憲法」とは、本来〝てほん〟としての「憲」と〝みち〟としての「法」から成り、〈人として正しく生きるための〝てほん・みち〟〉を意味しています。また、十七に及ぶ条文は、すべてが〈提唱・注釈・結論〉の三段構成でまとめられており、日本人好みのリズムと簡潔さと論理性を特徴としています。

条文全体の現代語訳および詳しい考察は改めて本論をお読みいただきたいのですが、ここでは主に「提唱」を取り上げて相関性をみたいと思います。

●「詔」に仮託して〈仁《じん》〉について説いた第三条

まず、第三条の提唱は「三に曰《いわ》く、詔《みことのり》を承《うけたまわ》りては必《かなら》ず謹《つつし》め」です。〈国家国民の安寧《あんねい》を願っての詔は謹んで承《う》けよ〉ということです。「詔」というのは、いうまでもなく天皇のおことば、あるいはそれを書き記したもので、「詔勅《しょうちょく》」ともいいます。この第三条のポイントは、〈「詔」のこころは〝慈民愛国〟つまり〈仁《じん》〉のこころから発せられるものであるから、臣下たる者はそれをよく心得よ〉というところにあるわけですが、この前提には〈天皇自らが人倫の大道《たいどう》いわゆる〝王道〟を歩まなければならぬ〉という大義《たいぎ》があります。天皇自らに〈仁〉のこころがあってこそ、徳のある「詔」となり、臣下も民もこれに靡《なび》くことになります。

ちなみに、天皇の〈国民に対する慈愛大事〉の御心《みこころ》から、天皇のお名前には必ず〈仁《ひと》〉の一字が使われています。例えば、明治天皇は睦仁《むつひと》さま、大正天皇は嘉仁《よしひと》さま、昭和天皇は裕仁《ひろひと》さま。そして、先の第一二五代天皇は明仁《あきひと》さま、続く第一二六代天皇は徳仁《なるひと》さま。さらに、徳仁さまの弟君《おとうとぎみ》である秋篠宮《あきしののみや》は文仁《ふみひと》さまで、そのお子様は悠仁《ひさひと》さまです。

遡《さかのぼ》って、はじめて〈仁《ひと》〉をお名前に付せられたのは、第五六代・清和《せいわ》天皇の惟《これ》仁《ひと》さまです。清和天皇は、清和源氏の祖にあたる方です。また、継続的に〈仁《ひと》〉を付すようになったのは、第一〇〇代・後小松《ごこまつ》天皇の幹仁《もとひと》さまからです。この後小松天皇は、頓智で有名な一休さんのお父さんといわれています。室町時代に後醍醐《ごだいご》天皇と足利尊氏《あしかがたかうじ》が対立して朝廷が南北にわかれましたが、やがてこの南北朝が統一された時の最初の天皇が後小松天皇でした。

推古天皇の頃は、〈仁《ひと》〉の字こそ使われてはいませんが、「国民を、慈愛のこころで見守る」という〈仁《じん》〉のこころは、当時から現在まで変わることなく受け継がれているように思います。

要するに第三条は、「詔」に仮託して〈仁《じん》〉について説かれているということ、つまり、〈第三条の「詔」〉と〈冠位の〈仁《にん》〉〉とが相関しているということです。

●国を治める要諦である〈礼〉について説いた第四条から第八条

次に、「冠位十二階」の〈仁《にん》〉に続く爵号は〈礼《らい》〉です。第四条の提唱は「四《し》に曰く、群卿百寮《ぐんけいひゃくりょう》、礼《れい》を以《もっ》て本《もと》と為《せ》よ」つまり〈高位高官の者も諸役人も、礼《れい》を正すことを根本とせよ〕ということです。この第四条では、〔国を治める要諦《ようてい》が〈礼《れい》〉にある〕ことを総括的に説いており、以下〈礼《れい》〉に関わる条文が続きます。

すなわち、第五条では「五に曰く、餮《むさぼり》を絶ち、欲を棄てて、明らかに訴訟を辨《さだ》めよ」つまり〔訴訟を取り扱う者が踏むべき〈礼《れい》〉〕について、第六条では「六に曰く、悪を懲《こ》らし善を勧むるは、古《いにしえ》の良き典《のり》なり」つまり〔善悪に対する社会規範としての〈礼《れい》〉〕について、第七条では「七《しち》に曰く、人には各《おのおの》任有り、掌《つかさど》ること宜《よろ》しく濫《みだり》ならざるべし」つまり〔与えられた役割分担を全うすべき〈礼《れい》〉〕について、第八条では「八に曰く、群卿百寮、早く朝《まい》りて晏《おそ》く退《さが》れ」つまり〔朝堂における〈礼《れい》〉いわゆる朝礼〕について説かれています。

要するに、第四条から第八条までは〈礼《れい》〉というものがテーマになっており、「冠位十二階」の爵号である〈礼《らい》〉と相関していると考えられます。

●〈信〉と〈義〉の重要性について説いた第九条から第十三条

次に、「冠位十二階」の〈仁《にん》〉・〈礼《らい》〉に続く爵号は〈信《しん》〉・〈義《ぎ》〉です。第九条の提唱は「九《く》に曰く、信《しん》は是《こ》れ義《ぎ》の本《もと》なり。事毎《ことごと》に信有れ」つまり〔人から信用・信頼されるということが、義をなす上での根本になければならぬ〕ということです。ここでは、〈信〉と〈義〉が共に重要であることを前提とした上で、あえて〈信〉が〈義〉の本《もと》になると説いています。

そして、第十条では「十に曰く、忿《いかり》を絶ち、瞋《いかり》を棄てて、人の違《たが》うを怒《いか》らざれ」つまり〔人と人との信頼関係を妨げる〝いかり〟〕について、第十一条では「十一に曰く、功過《こうか》を明察《めいさつ》して、賞罰必ず当てよ」つまり〔組織の活性化のための適正な信賞必罰・論功行賞〕について説かれています。このように、第十条と第十一条は、どちらかといえば〈義〉よりも〈信〉に重点が置かれているように思います。

また、第十二条では「十二に曰く、国司《くにのつかさ》・国造《くにのみやつこ》、百姓《ひゃくせい》より斂《おさ》めとること勿《なか》れ」つまり〔群臣の〈義〉、具体的には中間搾取に対する戒め〕について、第十三条では「十三に曰く、諸《もろもろ》の官に任ずる者は、同じく職掌《しょくしょう》を知れ」つまり〔公務を滞らせないための〈義〉〕について説かれています。要するに、第十二条と第十三条は、どちらかといえば〈信〉よりも〈義〉に重点が置かれているわけです。

●〈智〉をテーマとして説いた第十四条から第十七条

以上の〈仁《にん》〉・〈礼《らい》〉・〈信《しん》〉・〈義《ぎ》〉に続く爵号が〈智《ち》〉です。第十四条の提唱は「十四《じゅうし》に曰く、群臣百寮、嫉妬《しっと》有ることなかれ」ですが、この提唱に続く注釈の中に「智己《おの》れに勝《す》ぐれば則《すなわ》ち悦《よろこ》ばず」とあり、ここに〈智〉が登場します。この第十四条では、〔つまらない嫉妬心を起こして政《まつりごと》を誤らないように〈智〉を致《いた》せ〕ということが説かれています。

さらに、第十五条では「十五に曰く、私《わたくし》に背《そむ》きて公《おおやけ》に向《むか》うは、是《こ》れ臣の道なり」、つまり〔私のことよりも公のことを優先するように〈智〉を致すこと〕について説かれています。

また、第十六条では「十六に曰く、民《たみ》を使うに時を以《もっ》てするは、古《いにしえ》の良き典《のり》なり」〔民に対する賦役《ふえき》に際しては時を弁《わきま》えるように〈智〉を致せ〕と説き、第十七条では「十七《じゅうしち》に曰く、夫《そ》れ事《こと》は独《ひと》り断《さだ》むべからず。必ず衆《しゅう》と与《とも》に宜《よろ》しく論ずべし」〔大事なことについては、衆知を集めて対応を図ることが重要だ〕と説きます。これすなわち〔〈智〉を致せ〕ということです。

このように、第十四条から第十七条までは〈智〉というものがテーマになっており、「冠位十二階」の爵号である〈智〉と相関していると考えられます。

●〈徳〉と〈和〉のつながりを説いた第一条と第二条

以上のように、「憲法十七条」の第三条が「冠位十二階」の爵号である〈仁《にん》〉と、第四条から第八条が〈礼《らい》〉と、第九条から第十一条が〈信〉と、第十二条と第十三条が〈義〉と、第十四条から第十七条までが〈智〉と相関していることから、第一条と第二条が〈徳〉と相関していることが推定されてくるわけです。

第一条の提唱は、お馴染みの「一に曰く、和を以て貴《たっと》しと為し、忤《さから》う無きを宗《むね》と為《せ》よ」です。これを意訳すれば、〔人は心の通い合う《和の精神《こころ》》を大切にし、不毛な争いが起こらないように〝共生《ともい》き〟の精神で支え合うことを第一とせよ〕となります。この〈和〉というのは、前述したように、第三条以下の〔仁《にん》・礼《らい》・信《しん》・義《ぎ》・智《ち》〕といった徳目の総和および調和であり、これが「冠位十二階」の最高の爵号である〈徳〉と通じています。

そして第二条では、「二に曰く、篤《あつ》く三宝《さんぽう》を敬え。三宝とは仏《ぶつ》・法《ぽう》・僧《そう》なり」つまり〔心を込めて三宝を敬え。三宝とは仏《ぶつ》（真理に目覚めた覚者《かくしゃ》）と法《ほう》（仏《ほとけ》の教え）と僧（法を実践する修行者・その集団）のことである）と説かれています。詳細な考察は本論をお読みいただきたいのですが、この「篤く三宝を敬え」というのも《和の精神《こころ》》を活かすための手段を提唱しているといえるでしょう。

要するに、第一条と第二条は、「冠位十二階」の最高の爵号である〈徳〉（＝和）と強く相関していると考えられます。

●聖徳太子がめざしたもの

さて、「憲法十七条」についてはこれまで数多《あまた》の解説書が著《あらわ》されてきましたが、そのほとんどは仏教的解釈によるものでした。それは、聖徳太子が「日本仏教の祖」であるといった観念にとらわれてきたからです。

しかし、先ほども述べましたように、「憲法十七条」は新しい国造りに際して「冠位十二階」と並行して策定されたものです。つまり、「憲法十七条」はどこまでも政治的規範であって、仏教的に衆生《しゅじょう》の救済あるいは魂《たましい》の救済を論じたものではありません。実質的には政務に携わる群卿百寮、もっと対象を絞れば冠位を授けられた官人に対して説かれた服務心得あるいは政治倫理であり、個人的意見ではありますが、ひょっとしたら「憲法十七条」は、「冠位十二階」という制度の附則《ふそく》であったのではないかとも考えています。

要するに、聖徳太子のめざしたものは、〔神道・儒教・仏教〕それぞれの教えを習合した「平和的国家構想」であり、「憲法十七条」については、日本古来の民俗信仰である「神道」をもとに、政治学・帝王学として受容された「儒教」と、当時の最先端の学問とされた「仏教」の思想を調和させたものとして読み解くことが重要だと思います。決して、仏教的解釈のみで済まされるべきものではありません。

本論

「憲法十七条」を読む

第一条　和を以て貴しと為す
――〈和〉とは〝共生き〟のこころ

一《いち》に曰《いわ》く、和《わ》を以《もっ》て貴《たっと》しと為《な》し、忤《さから》う無《な》きを宗《むね》と為《せ》よ。人皆党《とう》有り、亦《また》達《さと》れる者少《すく》なし。是《ここ》を以《もっ》て、或《あ》るいは君父《くんぷ》に順《したが》わず、乍《また》隣里《りんり》に違《たが》う。然《しか》れども、上《かみ》和《やわ》らぎ、下《しも》睦《むつ》びて、事《こと》を論ずるに諧《かな》えば、則《すなわ》ち事理《じり》自《おの》ずから通ず、何事《なにごと》か成《な》らざらん。

〔訳〕第一条。人は心の通い合う《和の精神《こころ》》を大切にし、不毛な争いが起こらないように〝共生《ともい》き〟の精神で支え合うことを第一とせよ。人はみな私利私欲・煩悩・執着にとらわれて無明《むみょう》（私欲に目がくらみ、真実がみえないこと）であり、よくよく悟った人は少ない。そのため、親兄弟や社会の人たちと仲たがいしたりする。けれども、誰もがお互いに和《なご》やかな心で親しみをもって話し合えば、きっとわかり合えるようになるし、何ごとも解決できないものはないであろう。

●《和の精神《こころ》》とは、みんなが一緒に生き生かされている〝共生《ともい》きのこころ〟

冒頭の「和を以て貴しと為し、忤う無きを宗と為よ」は非常に有名な成句で、多くの人が〈喧嘩《けんか》しないで仲良くしましょう〉という意味にとらえています。しかし、それだけの理解では十分とはいえません。なぜなら、〈和〉という字を〈仲良し・平和〉といった一面でしかとらえていないからです。

この〈和〉という字は、たった一字一音であるにもかかわらず非常に多くの意味があって、みんながよく知っているようでありながら実は曖昧《あいまい》にしか理解していない字なのです。ちなみに、『大漢和辞典』（諸橋轍次《もろはしてつじ》編）で〈和〉を引くと三十以上の意味が載せられており、人によって〈和〉のニュアンスが微妙に違ってくるのです。

大まかにいえば、〈和〉の本字《ほんじ》（もとの正字形《せいじけい》）は〈咊《わ》〉という字で、これには〈唱和・総和・応答〉といった意味があります。現在使われている〈和〉は〈咊〉

の偏《へん》と旁《つくり》が入れ替わっており、意味するところも〔和議・平和・穏やか〕に変わってきます。〈咊〉よりもっと昔の古字《こじ》つまり最初の「わ」は、〈龢《わ》〉という字です。偏の龠《やく》は〔穴のあいた笛〕のことで、〈龢〉には〔調和・協調・ハーモニー〕といった意味があります。この他にも〔味を調《ととの》える・あえる・調合する〕といった意味をもつ〈盉《わ》〉、〔日本《にっぽん》および日本人《にほんじん》〕を意味する〈倭《わ》〉があります2)。

現在使われている〈和〉には、これら五つの文字すべての意味が含まれていますので、単に仲良しとか平和とか穏やかというだけでは、その奥深い神秘的ともいえる〈和〉の意味が薄っぺらなものになってしまいます。そのことを知った上で、〈和〉をとらえることが大事です。

ちなみに、私は、〈和〉をひと言《こと》であらわすものとして〝共生《ともい》き〟ということばを使っています。自分も、他人も、その他の生き物も、山川草木といった自然も、それぞれが祖先とともにまた時代とともに、みんな一緒に生きており生かされているという〝共生《ともい》きのこころ〟が《和の精神《こころ》》に重なるように思います。

●〈和〉と対になる〈忤〉の理解なくして〈和〉はわからない

さて、冒頭の名句で重要なことは、「和を以て貴しと為し、忤う無きを宗と為よ」が対句的表現になっていることです。つまり、〈和《わ》〉と〈忤《ご》〉が対になりますので、〈忤〉の意味がわからなければ〈和〉を正しく理解することができません。

では、〈忤〉とはどういう意味か？

同じ「さからう」ということばでも、〈逆《ぎゃく》〉という字が〔相手が正しかろうが、すべてにさからう〕という意味であるのに対して、〈忤〉という字は〔邪悪なものにさからって、自分を守る〕という意味があります[3)]。つまり、相手に悪いところがあれば強く反省を促すもので、いわば悪政に苦しめられて反旗をひるがえす百姓一揆のようなものといえます。

もう少し〈忤〉を理解していただけるように、少し閑話《かんわ》を紹介しましょう。

天保《てんぽう》の大飢饉の時、当時大坂の東町奉行に着任していた跡部《あとべ》山城守良弼《やましろのかみよしただ》が、江戸幕府の重役（老中《ろうじゅう》・水野忠邦《みずのただくに》）に気に入られようとして大坂・伏見・堺などに積んであった民のお米を江戸に廻したために、大坂近隣で多くの餓死者が出ました。当時、元東町奉行所の与力《よりき》であった大塩平八郎《おおしおへいはちろう》はいくつかの救済策を進言しましたが受け入れられず、自分の蔵書数万冊を売って飢えた民を助けようとしますが焼け石に水、ついに窮民《きゅうみん》救済のために蜂起《ほうき》します。この「大塩平八郎の乱」（一八三七年）も、悪政にさからわざるを得なかった〈忤〉といえます。

元禄《げんろく》時代の「赤穂事件《あこうじけん》」も〈忤〉といえるでしょう。江戸城松之廊下《まつのろうか》で吉良《きら》上野介義央《こうずけのすけよしなか》に刃傷《にんじょう》（刀で切りつけて傷を負わせる）に及んだ赤穂藩藩主の浅野内匠頭《あさのたくみのかみ》長矩《ながのり》が、徳川五代将軍・綱吉《つなよし》を激怒させ、切腹させられました。度重《たびかさ》なるいじめが原因だったようですが、史実としての明確な理由はハッキリしません。

問題は、「喧嘩両成敗《けんかりょうせいばい》」という当時の法を無視して、長矩が即刻切腹・お家断絶となった一方で吉良はおとがめなしでした。しかも、長矩は預けられた屋敷の庭先で切腹という大名らしからぬ扱いも異常でした（大名であれば、部屋の畳の上で切腹させるべきなのです）。その結果、元禄十五年（一七〇二年）十二月十四日、赤穂浪士四十七士が吉良邸に討ち入りして主君の仇討《あだう》ちを果たします。幕府が当初から法に照らして的確に対処しておれば、赤穂事件は起こらなかったかもしれません。

さて、〈忤〉が〈相手に悪いところがあれば強く反省を促す〉ということですから、その対となっている〈和〉というのは、〔〈忤〉を惹《ひ》き起こさないように〝共生《ともい》きのこころ〟を致すこと〕であるといえます。為政者・行政者や組織の長たる立場にある者あるいは親たる者も含め、みんなが常に相手を思いやり、「これでよいのか、自分は間違っていないか、もっといいやり方はないか」と反省し、自らを律しながら人徳を磨くように努めることです。

ですから、「和を以て貴しと為し、忤う無きを宗と為よ」は、単に〔喧嘩しないで仲良くしましょう〕というだけではなく、〔人と不毛な争いを起こさず、微笑《ほほえ》みをもって〝共生きのこころ〟で人と接することを第一とせよ〕ということ。間違っても〈忤〉の状況が起こらないように、特に〝長たる者〟は自らを戒めて〝徳〈和〉を致せ〟ということになります。

●私心を去ったところに現れる〈和〉の世界

次に、「人皆党有り、亦達れる者少なし」も考察が必要でしょう。「人皆党有り」を、多くの人は〔人はみな、党を作って群れたがる〕として徒党・党派を組むことを悪い意味にとらえていますが、どうも違うように思います。

たしかに徒党を組んで悪いことをするのは悪ですが、仲間と助け合って善い行いをすることもあります。例えば、政党は党派で協調して政治を進めていくわけですから、党を作ること自体は何も悪いことではないはずです。何か新しいことや難しいことに挑戦する時、一人よりもプロジェクトを組んで遂行しますが、これもいわば「党」です。ですから、本条における「党」には、徒党・党派よりも相応《ふさわ》しい意味を考えるべきです。

翻って、「党」という字は旧字を「黨《とう》」と書きます。この「黨」には、〈黒〉の字が含まれています。それは、〈太陽や月が黒い雲に覆《おお》われて明るくない。つまり、無明《むみょう》〉ということを表しており、「人皆党有り」は〈人はみな、自己本位的に物ごとに執着したり、いろいろな欲望にとらわれたりする〉と解釈することができます。むしろ、そのように解することで、次句の「達れる者少なし」〈人としてあるべき正しい生き方を悟った人は少ない〉につながるでしょう。

ここにいう「無明《むみょう》」（根本的無知）というのはちょっと難しいことばかもしれませんが、「明無《めいな》し」で目のみえないことから、転じて〈真実のみえない愚かな人〉という意味となります。

もちろん、目のみえない人が愚かだといっているわけではありません。失明しても輝いている人は多くおられます。ここは〝こころの目〟がみえないということです。つまり、「無明」というのは、〈自分勝手な煩悩や執着などに妨げられて、根本的に正しいことあるいは真理を知ることができない人〉のことです。凡夫《ぼんぷ》（凡庸《ぼんよう》な人間）には、そういう人が多いということです。

要するに、「党を去る」ということつまり〈煩悩や執着などの私心を去る〉ということが大事であり、そこに自ずと「〈和〉の世界」が顕現《けんげん》してくるということです。

第一条の結論に該当する条文は、〈（上位に立つ人も下の人も）誰もがお互いに和《なご》やかな心で親しみをもって話し合えば、きっとわかり合えるようになるし、何ごとも解決できないものはない〉ということですが、まずは自らが謙虚に徳を積んで〈忤〉という状況を惹き起こさないようにすることが優先されるべきであり、それこそが〈和〉ということなのです。

「和を以て貴しと為し、忤う無きを宗と為よ」を確固とした指針とすることで、皆さんの人生はきっと明るく楽しく誠実なものとなるでしょう。

第二条　篤く三宝を敬え
――「仏・法・僧」とは「師・志・友」

二《に》に曰《いわ》く、篤《あつ》く三宝《さんぽう》を敬《うやま》え。三宝《さんぽう》とは仏《ぶっ》・法《ぽう》・僧《そう》なり。則《すなわ》ち四生《ししょう》の終帰《しゅうき》、万国《ばんこく》の極宗《ごくしゅう》なり。何《いず》れの世、何《いず》れの人か、是《こ》の法《のり》を貴《たっと》ばざる。人、はなはだ悪《あ》しきは鮮《すくな》し、能《よ》く教《おし》うれば従《したが》う。其《そ》れ三宝に帰《よ》らずんば何《なに》を以《もっ》てか枉《まが》れるを直《ただ》さん。

〔訳〕第二条。心を込めて三宝を敬いなさい。三宝とは、仏・法・僧のことであり、生きとし生けるものすべての究極的な拠《よ》り所となるものである。いずれの世でもいずれの人でも、この仏法を貴ばないことがあろうか。そもそも人として救いようのない極悪人はめったにいるものではなく、三宝を人生の拠り所としてよく教え導けば立派な心を持つようになり、必ずや善人となる。三宝によらなかったらいったい何によって邪《よこしま》な心を正すことができようか。

●「仏・法・僧」、例えていえば「師・志・友」

わが国に仏教が公伝されたのは五五二年（一説に五三八年）で、それより少し前に儒教が伝来しています。政治的・文化的に立ち遅れていたわが国が、新たな国造りを始めるのに際して、儒教は政治のあり方やリーダーのあり方を学ぶ最先端の学問であり、仏教は伽藍などの建築技術や仏像彫刻・壁画などの仏教美術、さらには薬学なども含めた幅広い知識や文化を学ぶ最先端の学問でした。

世界遺産として登録されている法隆寺は、これら最先端の学問を学ぶ総合大学のようなものであり、実際、法隆寺を「法隆学問寺」と称していた史料も残されています。

さて、条文の冒頭にもあるとおり、「三宝」とは仏・法・僧のことです。「仏・法・僧」の〈仏《ぶつ》〉（ほとけ）というのは〈真理に目覚めた人〉のことで、その代表的な方はお釈迦さんです。お釈迦さんは、命がけの修行《しゅぎょう》や深い瞑想《めいそう》を積み重ねてようやく悟った真理（仏法・仏《ほとけ》の教え・仏となる道）を、死ぬまでさまざまな人びとに説かれました。ですから、〈仏《ぶつ》〉というのは、大いなる「人生の師」といえるでしょう。

二つ目の〈法《ほう》〉というのは〔仏《ほとけ》が悟った真理・またその教え〕のことで、人生について考える拠り所となり指針となるものです。お釈迦さんは、若くして「人生とは何か」「この世の真理とは何か」を求めることを志《こころざ》し、その志《こころざし》を持ち続けることでついに悟りを得ることができたのです。

そのようなことから、この〈法〉については、改めて〝真理を悟ろうとした志と、その志の継続〟というものに注目したいと思います。

三つ目の〈僧《そう》〉というのは〔仏の教えを信じて修行する人たち、あるいはその集団〕で、共に修行の厳しさ・辛《つら》さ・苦しみを乗り越えようとする勝《すぐ》れた友（勝友《しょうゆう》）のことをいっています。共に学に志し、教え合い助け合い、わが人生の頼りとなる心からの友（心友《しんゆう》）のことでもあります。

〝心友〟というものについては、

「天下之《これ》を信ずるも多しと為さず、一人之を信ずるも少《すくな》しと為さず」（王陽明《おうようめい》：『伝《でん》習録《しゅうろく》』）

という名言があります。

〈多くの俗人はどうでもよい。自分というものを本当に信じ認めてくれる一人の心友がおればそれで十分だ〉

ということです。

要するに、仏教は本来総合的な人間学であり、現在のような葬式・供養といった葬式仏教的イメージは江戸時代の檀家《だんか》制度から始まったものです。「仏・法・僧」とはいわば〝最先端の学問の象徴〟であり、したがって「篤く三宝を敬え」ということは、換言すれば〈熱心に真理を追い求めよ〉つまりは〈人間修養も含めた学問をシッカリやりなさい〉ということなのです。

いつの時代でもいずれの国においても、「三宝を敬う」ということ、つまり「人間学を一所懸命学ぶ」ということは、すべての人にとって人生を生きる上での大切な本《もと》となります。そもそも、生まれついての悪人（愚人《ぐじん》）などめったにいるものではなく、よく教え導けば必ず善人（賢人《けんじん》）となります。〝人生の師（仏《ぶつ》）〟と、〝何かをやりとげようとする志《こころざし》（法《ほう》）〟と、〝共に歩もうとする友《とも》（僧《そう》）〟の三つは、かけがえのない人生を豊かにしてくれる大切な宝物なのです。

もちろん学問だけではなく、スポーツや芸事《げいごと》などに熱心に取り組む際にも、「師《し》・志《し》・友《ゆう》」つまり「仏・法・僧」が大切な拠り所となってくれることは同じです。

●海外の文化や技術を積極的に取り入れアレンジする日本人の特異性

翻って、海外の進んだ文化や技術を取り入れようとする日本人の執念にはすごいものがあります。六世紀初頭に、儒教や仏教という当時最先端の文化・学問を受容し、しかもそれらを日本の政治状況に合わせて策定した「憲法十七条」は、現代まで受け継がれてきた〝すばらしい日本の文化〟であり、また〝日本人のこころ〟だといえます。

現在の世界経済を引っ張っている日本の自動車産業も、もとはといえば〝自動車を通して豊かな日本社会を目指そう〟とした人（豊田喜一郎《とよだきいちろう》）が、外国の車を分解して一つひとつの部品を確認しながら国産車として造り上げ、やがて日本から世界へと普及させたものです。

日本人というのは、高度な知的好奇心と卓越した技術力そして高い社会性を有しており、「それが日本の役に立つ」と思った時の執念あるいはエネルギーは、日本人の特性といっていいでしょう。

鉄砲伝来に際しても、日本人としての特性が顕著《けんちょ》にみられます。一五四三年、種《たね》子島《がしま》に漂着したポルトガル人によって二挺《にちょう》の鉄砲が日本に初めてもたらされます。時は戦国。その時、かつて領土であった屋久島を奪い取られていた種子島氏の当主・種子島時尭《ときたか》は、領土奪還のためにもこの二挺の鉄砲を現在の一億円ほどの大金を支払って買い取ります。時尭が偉かったのは、その鉄砲を〝伝来〟だけにとどめず、国産化したことです。二挺の内の一挺を分解させ、卓越した技術力で同じものを種子島で造らせたわけですが、当時は種子島で良質の砂鉄が得られたようで、鉄砲製造も可能であったようです。

やがて、その鉄砲は堺《さかい》・根来《ねごろ》・北近江《きたおうみ》で盛んに製造されるようになります。通説によれば、「長篠《ながしの》の合戦《かっせん》」で織田軍が三千挺ともいわれる鉄砲を駆使して武田軍の騎馬隊を壊滅したこともあって、その後戦国武将たちは次々と鉄砲を求め、「関ヶ原の合戦」の頃にはわが国は世界屈指の〝銃社会（鉄砲社会）〟になっていたようです。

その後、一六一五年（元和《げんな》元年）に「大坂夏の陣」で豊臣家が滅亡した後は鉄砲の製造が規制され、泰平の時代へと移っていきました。これを、その時の年号をとって「元和偃武《げんなえんぶ》」と称しています。「偃武」とは、〔武器を伏せて戦いをやめる〕ことです。

●〝立命〟に生き、人生を完全燃焼させること

次に、「四生の終帰」の「四生」というのは、胎生《たいしょう》・卵生《らんしょう》・湿生《しっしょう》・化生《けしょう》の四種類の生物《いきもの》をいいます。「胎生」は人や獣《けもの》のように母胎から生まれるもの、「卵生」は鳥や爬《は》虫類《ちゅうるい》のように卵から生まれるもの、「湿生」はカビなどのように湿気《しっけ》た場所に発生するもの、「化生」は菩薩や龍などのように超自然的に現れるもので、「生きとし生けるすべてのもの」という意味です[4]。

したがって、「三宝とは仏・法・僧なり。則ち四生の終帰」を改めていえば、

〔仏《ぶっ》・法《ぽう》・僧《そう》〕つまり〔師《し》・志《し》・友《ゆう》〕は人の一生を最期まで支えてくれる柱となるものだということです。確たる「志《こころざし》」を仰ぎみて、偉大なる「師」や勝れた「友《とも》」と道縁《どうえん》を結び、わが人生を創造していくこと、つまり〝立命〟に生きることが人生にとって必要不可欠なものであり、そうして人生を完全燃焼させることがいわゆる〝涅槃《ねはん》〟に到る道であるといえるでしょう。

●仏・法・僧を「大師」「良薬」「勝友」に譬《たと》えた道元禅師

「其れ三宝に帰らずんば何を以てか枉れるを直さん」は、

『論語』「二19」の、

「直《なお》きを挙《あ》げて諸《こ》れを枉《まが》れるに錯《お》けば、則《すなわ》ち民《たみ》服す」

および『論語』「十二22」の、

「直きを挙げて諸れを枉れるに錯けば、能《よ》く枉れる者をして直からしむ」

が典拠とされています。

曲がった材木の上に真っ直ぐな材木を乗っければ、真っ直ぐな材木の重さで曲がった材木が矯正《きょうせい》されます。それと同様に、正直で真っ直ぐな者を抜擢《ばってき》して不正直で歪んだ者の上に配せば、曲がった人間を真っ直ぐにすることが可能であり、また人民も納得し心服するでしょう。

逆に、曲がった材木のような人間を重用《ちょうよう》して、それを真っ直ぐな人びとの上に配するような人事を行えば、周りの人々は反抗するでしょう。「枉れる者を直き者の上に挙げる」のは、とんでもない失態を起こした組織によくみられる共通の姿です。

道元禅師《どうげんぜんじ》は、著書『正法眼蔵《しょうぼうげんぞう》』「帰依仏法僧宝《きえぶっぽうそうぼう》」で、「仏《ほとけ》はこれ大師《だいし》なるがゆえに帰依す。法《ほう》は良薬なるがゆえに帰依す。僧《そう》は勝友なるがゆえに帰依す」

と述べ、〔仏・法・僧〕を「大師」「良薬」「勝友」に譬《たと》えられました。「志《こころざし》」も、人生における「良薬」たりうるものではないでしょうか。「仏《ぶっ》・法《ぽう》・僧《そう》」(「師《し》・志《し》・友《ゆう》」／「大師《だいし》・良薬《りょうやく》・勝友《しょうゆう》」)に帰依することを「帰依三宝《きえさんぼう》」あるいは「南無《なむ》三宝《さんぽう》」といい、切羽《せっぱ》詰まった時によく〝南無三《なむさん》！〟というのはこれです。

第三条　詔を承りては必ず謹め
——“長たる者”の念（おもい）

三《さん》に曰《いわ》く、詔《みことのり》を承《うけたまわ》りては必ず謹《つつし》め。君《きみ》は則《すなわ》ち天たり、臣《しん》は則ち地たり。天覆《おお》い、地載《の》せて、四時《しじ》順行《じゅんこう》し、万気《ばんき》通《つう》ずるを得《う》。地、天を覆《おお》わんと欲せば、則《すなわ》ち壊《やぶ》ることを致《いた》さんのみ。是《ここ》を以《もっ》て、君言《のたま》えば臣承《うけたまわ》り、上《かみ》行えば下靡《しもなび》く。故《ゆえ》に、詔《みことのり》を承《うけたまわ》りては必ず慎《つつし》め。謹《つつし》まざれば自《おの》ずから敗《やぶ》れん。

〔訳〕第三条。詔が発せられた時は必ず謹んで承りなさい。君は天であり、臣は地である。天地の自然秩序が整っておれば、春夏秋冬は正しく移ろい、ありとあらゆるものが順調に育つものである。そのように、国の政治が信頼に足るリーダーの下《もと》に正しく行われておれば、国家運営の秩序が保たれ国民は鼓腹撃壌《こふくげきじょう》するが、臣が君を覆《くつがえ》す下剋上《げこくじょう》ともなれば、天下の秩序は破壊され世は乱れる。だから、国家国民の平穏無事な生活を守るためにも、行政に与《あずか》る者は長たる者の念《おもい》を謹んで承り、遂行することが大事である。

●共生きの「詔」(政策・方針)であってこそ、人はついてくる

「詔《みことのり》」というのは、天皇のおことばあるいはそれを書き記したもので「詔勅《しょうちょく》」ともいい、「詔書《しょうしょ》」「勅書《ちょくしょ》」「勅語《ちょくご》」の三種類があります。

「詔書」というのは正式に公布されるもので、例えば〈国会の召集、衆議院の解散、総選挙施行の公示、改元など〉が天皇の発する詔書により行われています。

「勅書」というのは、一般に公布される詔書とは異なり、特定の人あるいは機関に向けて発せられた天皇の意思表示で、明治憲法下では〈皇族の婚嫁《こんか》の許可、皇子賜《し》姓《せい》など〉が勅書に当たりました。現在は、その実例はないと思われます。

「勅語」というのは、天皇自らの意思表示を正式な機関を通さず国民に直接下賜《かし》す

る形で発せられたものですが、現在のように〔開かれた皇室〕の下《もと》では、わざわざ改まって「勅語」を発することはなくなりました。

冒頭の「詔を承りては必ず謹め」を、〔詔については絶対的に服従せよ〕という〝天皇絶対主義〟と解した上で、〔当時は氏姓に基づく豪族の力が大きく、天皇系の者が諸豪族に対して強制的な権力を持っていたはずはない。したがって、「詔を謹んで承れ」などと強くいうことは時代的に矛盾している〕として、「憲法十七条」が推古天皇の時代に策定されたことを否定する考え方があります。

しかし、六世紀末の最高権力者はいうまでもなく蘇我馬子《そがのうまこ》であり、屈辱外交に終わった「第一次遣隋使派遣」以降の政《まつりごと》については、推古天皇・蘇我馬子・聖徳太子の〝トロイカ体制〟を中心に進められたことはほぼ間違いありません。

特に、青年宰相・聖徳太子のリーダーシップに負うところが大きかったと思われますが、「冠位十二階」や「憲法十七条」の制定・施行をはじめとする国造りについては、当然、馬子や推古女帝の後押しがあったはずです。

また、天皇の「詔」そのものについても馬子の意思が当然働いていたでしょうから、大臣《おおおみ》である馬子に牛耳《ぎゅうじ》られていた諸豪族たちは、馬子の意向も含まれている

「詔」にほとんど逆らえなかったはずです。

同じく、冒頭句を〝天皇絶対主義〟と解して、「憲法十七条」にいう〈和〉とは程遠いものではないかという意見もありますが、その意見は第三条だけに固執して「憲法十七条」全体をとらえていないと思われます。なぜなら、第一条に「上和《かみやわ》らぎ、下睦《しもむつ》びて、事《こと》を論ずるに諧《かな》えば、則ち事理《じり》自ずから通ず」とありますし、第十七条にも「事《こと》は独《ひと》り断《さだ》むべからず。必ず衆と与《とも》に宜しく論ずべし」とあり、「憲法十七条」が〝天皇絶対主義〟よりも〝衆議制〟を理想としていることが明らかだからです。

もちろん、衆議制とはいっても、現代の衆議制とは異なり、ここにいう衆議制には自ずと範囲があります。恐らく、「冠位十二階」に登用されている官人の中でも〝ごく一部の人たちによる狭い衆議制〟であったろうと推察します（第十七条参照）。

もう一点、ここで第一条の「和を以て貴しと為し、忤《さから》う無きを宗と為よ」を思い出していただきたいのですが、〈忤《ご》〉は単に〈命令に従順たれ〉ということではなく、相手に〈徳〉や〈義〉などの徳目がない場合に立ち向かうことを、否定してはいませんでした。

つまり、長たる者は、〈忤〉の状況に陥らないように、「〈徳〉を致せ／〈和〉を致せ」ということが重要であり、「詔」そのものが人倫の道に背いているようでは、「必ず謹め」といっても、〈忤〉が起こり得るわけです。もちろん、天皇はそのことを承知した上で、慈民愛国を目的とした「詔」を発せられるわけですから、それに対しては「謹んで承る」、ということでいいのではないでしょうか。

要するに、「詔を承りては必ず謹め」は、権力者としての上から目線の〝天皇絶対主義〟ではなく、〔臣下たちは、私の「詔」の真意を謹んで聴き、それを行政の上で民に広く及ぼすように努めるように〕という、〝天皇の願い〟と捉えるべきです。

以上の点を踏まえて、「詔を承りては必ず謹め」を現代的に解釈すれば、〔国家国民のためを思っての政策・法案であれば、何でも反対とヤジるばかりではなく、その政策・法案の真意がいかなるものかを誠実に検討・把握して、その上で素直に受け入れて協力しあうのがよい〕ということになります。

さらにいえば、〔会社の発展や社員のためを思っての標語・指針であれば、長たる者も社員たちも等しくその標語や指針に則って誠実に働きましょう〉ということです。学校であれば、〈学校・クラス・級友のために決めたことであれば、それまで反対していた人も謹んで協力しあいましょう〉ということになります。

●万物の生成化育の根源にある「元気」

次の「四時順行し、万気《ばんき》通ずるを得」は、〈天地の自然秩序が整っておれば、春夏秋冬は正しく移ろい、ありとあらゆるものが順調に育つものだ〉ということです。四季の移りかわりによって四生《ししょう》（胎生《たいしょう》・卵生《らんしょう》・湿生《しっしょう》・化生《けしょう》）が生息するわけですが、とりわけ冬の寒さの下《もと》、虫は地中で身を縮めて休眠し、桜はつぼみを縮めてエネルギーを蓄えます。

その厳しい冬を乗り越えてこそ、虫は啓蟄《けいちつ》に勢いよく地上に現れ、桜は春爛漫《はるらんまん》と咲き乱れるわけです。暖冬の下で半端なエネルギーしか蓄えられなかった虫や桜の生命力は、厳冬の下でエネルギーをシッカリと蓄えたそれとは大いに異なるといいます。人生もまた、同じことがいえるでしょう。

また、「万気通ずる」の「気」というのはたえず流動しているもので、気が集合して質・形・物が生まれ、また散って死となり、よって万気は万物《ばんぶつ》に通じているとされます。この天と地と万物の間には自ずと秩序が存在しており、気が百変《ひゃっぺん》して百《ひゃっ》花《か》が開き、千変《せんぺん》して千草《せんそう》が萌《も》え、而《しこう》して万物が生成化育《せいせいかいく》するというわけです。

その宇宙の生成化育の根源としてあるのが、「元気」というものです。

●まず長たる者が先に模範を示す

その次に、「君言えば臣承り、上行えば下靡く」とありますが、そのためには、まずは君《きみ》（大王《おおきみ》・天皇《てんのう》）自らが、人倫の大道《たいどう》いわゆる〝王道〟を歩まなければなりません。

本句の典拠として、『論語』「十二19」に、

「君子《くんし》の徳は風なり。小人《しょうじん》の徳は草なり。草これに風を上《くわ》うれば、必ず偃《ふ》す」

とあります。「君子」とは〈徳のある人／君主〉のこと、「小人」とは〈人格の低い人／身分の低い人〉のことです[2]。第三条に照らしていえば、〈君《きみ》（天皇）の徳性は風のようなもので、下位にあって治められる臣や民の徳性は草のようなものである。つまり、風が吹けば草が靡き伏すように、長たる者が徳を致せば配下の者はそ

れに影響されて徳を致すようになる〕ということです。

また、『孟子《もうじ》』「離婁章句下《りろうしょうく》」に、

「君《きみ》仁なれば、仁ならざること莫《な》く、君義なれば、義ならざること莫し」

とあります。〔君（長たる者）に人を思いやる〈仁〉のこころがあれば、下位にある者は皆それに感化されて〈仁〉のこころを持つようになり、君（長たる者）が義に篤《あつ》ければ、下位にある者も皆義に篤くなる〕ということで、これも典拠の一つと考えられます。


重要なことは、まずは長たる者が先に模範を示すことですが、いずれにしろ、大《おお》王《きみ》が人倫の大道を歩んでこそ大王の発する「詔」は〝仁なる詔〟となり、臣下も民もこれに靡くことになります。

●「詔」に託された天皇の〈仁〉のこころ

さて、わが国において権威は常に天皇にあり、これまで多くの「詔」の下《もと》に〝政《まつりごと》〟が行われてきた歴史があります。この「天皇の権威」というのは、神話における神々から天照大御神《あまてらすおおみかみ》へ、続いて天皇へとつながってきた「万世一系の血統に基づく国家祭祀の主宰者」という、いわば「神聖性」から導かれる「権威」であり、いかなる権力者たちも天皇および「詔」をないがしろにすることなど基本的にはできませんでした。〈神（かみ）―君（きみ）―臣（おみ）―民（たみ）〉という歴史的な社会構造からみても、君《きみ》（大王・天皇）は神から直接つながる者でした。

一方、天皇は千年を超える昔から「国家・国民の安寧《あんねい》と幸せ」を、絶えることなく祈ってこられました。現在も、皇居の中には「三殿《さんでん》」があり、「賢所《かしこどころ》」には天照大御神、「皇霊殿《こうれいでん》」には歴代天皇および皇族の御霊《みたま》、「神殿《しんでん》」には国中の天神地祇《てんじんちぎ》の神々が祀られており、天皇陛下が自ら主体となって行われる祭祀が伝承されています。

「皇室は祈りでありたい」とのおことばは、〈国家・国民のための皇室でありたい〉との願いであり、歴代天皇の「詔」も、本来、「慈民愛国」の念《おもい》から発せられたものでした。これが、〈仁《じん》〉のこころです。

要するに、第三条の「詔」というのは、「冠位十二階」の爵号〈仁《にん》〉に通じるものであり、天皇は〈仁《じん》〉なるこころを「詔」に託して「国民の安寧と国家護持」を祈ってこられたのです。そして、これからも我われ国民のために祈り続けてくださるのです。

第四条　礼を以て本と為よ
――自己を節し、相手を敬する

四《し》に曰《いわ》く、群卿百寮《ぐんけいひゃくりょう》、礼《れい》を以《もっ》て本《もと》と為《せ》よ。其《そ》れ民を治《おさ》むるの本《もと》は要《かなら》ず礼に在《あ》り。上礼《かみれい》せずんば下斉《しもととの》うにあらず。下《しも》礼無《な》くんば、以《もっ》て必ず罪《つみ》有り。是《ここ》を以《もっ》て、群臣《ぐんしん》礼有れば、位次《いじ》乱れず、百姓《ひゃくせい》礼有れば、国家自《おの》ずと治まる。

〔訳〕第四条。高位高官の者も諸役人も、礼を正すことを根本とせよ。民を治める根本は、まず〔自己を節し、相手を敬する〕という〈礼〉にある。長たる者が礼を失えば配下の者も礼を忘れて秩序は乱れ、いずれ必ず罪を犯すようになる。配下の者に礼があれば、組織の中で余計な葛藤が生じることもなく、庶民の間に礼が行われておれば自ずと国家も安泰となる。

●「礼儀」と「礼義」

この第四条では、〈国を治める要諦《ようてい》が〈礼〉にある〉ことを総括的に説いており、第五条以下第八条までは〈礼〉についての各論が続きます。

冒頭の「群卿」とは、〈多くの公卿《こうけい》〉いわゆる高位高官のことです。同じ漢字で訓《よ》みが異なる「公卿《くぎょう》」というのは、大納言や中納言といった三位《さんみ》以上の殿上人《てんじょうびと》〈宮殿の中の清涼殿《せいりょうでん》に昇ることを許された人〉のことです。また「百寮」とは、大まかにいえば一般の諸役人のことです。

次いで、〈礼〉という字は、旧字で〈禮《れい》〉と書きます。偏の「示《し》」は神のことで、旁《つくり》の「豊《れい》」は酒を入れる盃のことですから、〈禮〉というのは十分な供え物と酒をささげて神々に拝礼することです[2]。これを〝祭祀《さいし》〟といいます。天皇はさまざまな祭祀を行うことで国家国民の平穏無事を祈っておられるわけです。私たち自《みずか》らも、神を畏《おそ》れ敬うことを通して己れの人間性を浄《きよ》め、相手の人格を尊重することで人と人との関係をよくしたいものです。

一般的に〈礼〉というと、冠婚葬祭をはじめとする礼儀作法の煩わしいしきたりを思い浮かべますが、これは「礼儀」というものです。「礼儀三百、威儀三千」（礼の大綱《たいこう》は三百、実践上の細目は三千）という成句があり、この三百も三千も実際の数ではありませんが、それだけ多く煩わしい印象が前面に出てきます。

一方、「憲法十七条」にいう「礼」というのは、この煩わしい礼儀作法のことではなく、あくまでも人として踏み行うべき正しい道としての「礼義」（礼の正義）のことだととらえてよいと思います。

●礼の本質は「自己を節し」「相手を敬する」こと

中国に『礼記《らいき》』という〈礼《れい》〉について解説された経書《けいしょ》があります。その「曲礼《きょくらい》篇」に「礼は節をこえず」とあります。いわゆる「礼節」で、〈人をむやみに侮《あなど》ったり、また狎《な》れ親しんだりすることなく、程よい程度（節度）をこえないこと〉つまり「自己を節する」ということです。また同じ「曲礼篇」に、「敬せざることなかれ／辞《ことば》を安定にせよ」とあり、〈常に相手の人を敬い、また自ら言葉遣《ことばづか》いをつつしむこと〉を忘れてはならないと諭《さと》しています。

要するに、〈礼〉というものの本質を簡潔にいえば、「自己を節し」「相手を敬する」という二点に尽きるわけで、この二点を励行《れいこう》し続けることが人として踏み行うべき正しい道つまり「礼義」だというわけです。「礼義」は、人が社会で生きていく上での基本中の基本です。

一点目の「自己を節する」ということは、いってみれば「憲法十七条」の第一条で述べた「党（黨《とう》）」つまり〔自己本位的に物ごとに執着したり、いろいろな欲望や迷いにとらわれたりすること〕を抑制し、人として節度ある生き方をすることです。

二点目の「相手を敬する」ということは、人を軽蔑することなく、むしろ「われ以外、みなわが師」（吉川英治）と心得て人と接することです。

深くお辞儀をして挨拶する姿は、敬するこころが形として外に表れたものです。この「自己を節する」という内向きの礼と、「相手を敬する」という外向きの礼とがあいまって、〝よき人間関係〞が築かれることになります。

これが〝共生《ともい》き〞つまり〈和〉の基本です。要するに第四条は、いわば「人間関係論」といってよいかと思います。

●敗れた者にも礼義を尽くした西郷隆盛

この「自己を節し」「相手を敬する」という「礼義」を尽くした人物として、私が個人的に思い浮かべるのは西郷隆盛《さいごうたかもり》です。明治維新を成し遂げた第一功労者といわれる西郷は、二度の島流しという挫折を経験した後、幕末に薩摩藩を率《ひき》い、薩長同盟を結び、江戸城無血開城により江戸の町を戦火から救い、新しい日本を招来した『代表的日本人』（内村鑑三著）の一人です。

一八六八年（慶應《けいおう》四年）一月、鳥羽《とば》・伏見《ふしみ》の戦いをきっかけに起こった戊辰《ぼしん》戦争は、薩摩・長州・土佐をはじめとする官軍が幕府軍を京都・大坂から江戸へと追いやり、四月の江戸城無血開城後も抵抗する幕府軍をさらに東へ追い詰めます。東北諸藩は「奥羽越列藩同盟《おううえつれっぱんどうめい》」を結んで抵抗しますが、九月（明治元年）には会津藩が降伏、続いて庄内藩（荘内藩：今の山形県）も降伏します。そして、翌年五月の函館戦争を最後に戊辰戦争は終結します。

賊軍として敗れた庄内藩では、藩主以下切腹も含めた厳しい処分を覚悟していたのですが、官軍参謀が藩主と面会した時、藩主の帯刀を許したまま上座《じょうざ》に据えて礼義を尽くした応対がなされたのです。それは、西郷の命によるものでした。その件について西郷は、「庄内藩は幕府の譜代《ふだい》（関ヶ原の合戦《かっせん》以前から徳川氏に仕えていた大名）だから、徳川幕府のために徹底的に戦ったのであって、むしろこれは立派なことである」といったそうです。

この異例ともいえる西郷隆盛の恩情に感激した庄内藩士は、明治三年以降数年にわたって西郷のもとに通って教えを請います。そして、西郷に親しく学んだ庄内の人びとが感銘した文言《もんごん》を、後にまとめて出版したのが『南洲翁遺訓《なんしゅうおういくん》』（『西郷南洲《さいごうなんしゅう》遺訓《いくん》』）です。この本は、人間学を学ぶ上において、是非一度は読んでおきたいものです。

●本来の〈礼〉は自分のために行うもの

さて、「憲法十七条」では、「群臣礼有れば、位次乱れず。百姓礼有れば、国家自ずと治まる」とあります。本句の行間を読めば、群臣ばかりではなく庶民に対しても礼することをそれとなく求めていることがわかります。

わが国では、当時から〈高位高官から庶民に至るまで、礼に基づいた言動を取ることが大切〉とされてきたわけで、この思想あるいは教えというものが根幹となって日本人の礼儀（礼義）正しさが育成され、幕末・明治だけではなく、東日本大震災の時も海外の人びとから称賛される日本人へと受け継がれてきたのです。

ところで、通常〈礼〉というものは、相手を敬して失礼がないように接することとされています。しかし本来〈礼〉は、相手のためというよりは、自分のためにこそ行うものです。

〈礼〉は本質的には心の問題であり、〝我を美しくするもの〟である〈義〉と結びつくことで〝本もの〟になっていきます。それが「礼義」というものであり、人が社会で生きていく上での規範あるいは本《もと》となっているものです。

ちなみに、〈義〉という字は〔羊と我〕から成り、「羊」には〔美しい〕という意味があります[2)]。いずれにしろ、〈礼〉の主体はあくまでも自分なのですから、究極的には〔己れ自身が〈礼〉を本《もと》とする生き方をすること〕が肝要です。

例えば、神社に参拝して深くお辞儀をし、穢《けが》れを去って浄《きよ》らかな気持ちを求めるのは「己れを敬するこころ」でもあります。神社の奥には鏡があり、その鏡に映る自分の姿を思い浮かべてこれまでの来《こ》し方を省みてみる。また、これからの行く末を慮《おもんぱか》ってみる。「自分はこれでいいのか」と反省し、「自分はこれからこうしよう」と立命する。この反省と立命は、自分を正しく取り戻す儀式なのです。それが、神社に参拝するということです。

神社に詣でて「拝礼する」ということは、つまるところ己れの人間性を浄めることになります。いくら多くのお賽銭《さいせん》をあげ、神殿正面で正しく「二礼二拍手一礼」しても、〈神を敬い、相手を敬い、自己を節する〉といった〈礼〉の本質を失っているようでは、それはもはや邪道です。自分では何の努力もしないで、ただただ神さんにお願いするばかりでは、神さんは絶対に振り向いてはくれません。

ちなみに、「二礼二拍手一礼」という儀式は明治になってから始まったようで、特に昭和二十三年に「神社祭式行事作法」が制定されたことから広まったといわれています。「二礼二拍手一礼」の意味には諸説ありますが、総括的にいえば、最初の「二礼」は〈神前に参ったことを知らせるとともに、神への敬意を表す〉ということ。次の「二拍手」は〈音によって心身を浄めるとともに、神に祈りをささげる、あるいは願いを述べる〉ということ。最後の「一礼」は〈祈りや願いを聞いてくださった神に感謝するとともに、神をお見送りする〉ということのようです。

第五条　明らかに訴訟を辨めよ

――「慎独」と「知足」と「配置の妙」

五《ご》に曰《いわ》く、餮《むさぼり》を絶《た》ち、欲《よく》を棄《す》て、明《あき》らかに訴訟《そしょう》を辨《さだ》めよ。其《そ》れ百姓《ひゃくせい》の訟《うったえ》は、一日《いちじつ》に千事《せんじ》あり。一日すら尚爾《なおしか》り、況《いわん》や歳《とし》を累《かさ》ぬるをや。このごろ訟《うったえ》を治《おさ》むる者、利《り》を得《う》るを常《つね》と為《な》し、賄《まいない》を見て讞《うったえ》を聴く。便《すなわ》ち財《ざい》あるものの訟《うったえ》は、石を水に投《な》ぐるが如《ごと》く、乏《とぼ》しき者の訴《うったえ》は、水を石に投《な》ぐるに似《に》たり。是《ここ》を以《もっ》て、貧《まず》しき民は則《すなわ》ち由《よ》る所を知らず。臣の道も亦焉《またここ》に闕《か》く。

〔訳〕第五条。訴訟を取り扱う者は、饗応や賄賂などに惑わされることなく、正しく公平に裁定しなければならぬ。庶民の訴えは毎日次々と山のように持ち込まれるが、聞くところによると、訴訟を取り扱う者が私利私欲を図り、賄賂の多い少ないで裁定しているという。財産のある者は賄賂が多いから聞き入れられるが、貧しい者は賄賂が渡せないので聞き入れられることがなく、泣き寝入りするばかりだという。そんなことでは、貧しい民は頼るところもなく、裁く立場にある者は人としての道を踏み外しているといえよう。

●飲み食いの「饕《むさぼり》」と物質的な「欲」をすてよ

「饕を絶ち、欲を棄てて、明らかに訴訟を辨めよ」の「饕《むさぼり》」は、食の字が含まれているように〔むさぼり食《く》らう〕という意味です。ですから、冒頭の提唱は、〔酒食のもてなしや金品などを受け、その見返りとして不正に便宜《べんぎ》を図ることなどしてはならぬ〕ということです。

現代の裁判が酒食や賄賂に惑わされて裁定されるなどということはないでしょうが、議員や役人が業者から遊興・飲食の饗応《きょうおう》を受けたり金品をもらったりして、その見返りに機密事項や競争入札の価格などをこっそり漏らしたりする報道は後を絶ちません。わずかばかりの利（金品など）を受け取ったがために、退職金も地位もふいにして長年働いてきた職場を去らざるを得なくなった人のなんと多いことか。それだけ欲深く煩悩の強い人が多いということでしょう。

ところで、人間の煩悩には〝百八つ〟あるといわれていますが、特に基本的な煩悩として「三毒《さんどく》」つまり「貪《とん》・瞋《じん》・癡《ち》」があります。「貪《とん》」は「貪欲《どんよく》」のことで〔貪《むさぼ》りや欲望〕を、「瞋《しん》」は「瞋恚《しんい》」のことで〔瞋《いか》りや嫌悪〕を、「癡《ち》」は〔愚癡《ぐち》（愚痴）〕のことで〔癡《おろか》さや根本的無知つまり無明《むみょう》〕を意味します[4]。第一条「人皆党有り、亦達《またさと》れる者少なし」の「党（黨）」というのは、〔徒党を組む〕という意味ではなく、「三毒」つまり「貪《とん》・瞋《じん》・癡《ち》」のことであるともいえます。

この第五条は、「貪・瞋・癡」の中の特に「貪《とん》」に注目して〔訴訟を取り扱う者が踏むべき〈礼〉〕について述べられています。人間の貪欲心の最たるものは、やはり食をむさぼることと財をむさぼることであり、古来《饗応》と《賄賂》がなくならない最たる所以《ゆえん》です。「貪」（むさぼり）という煩悩に対してはシッカリと己れを節して潔癖でありたいものです。この「自己を節する」ということも〈礼〉（礼義）の一つであることは、第四条に述べたとおりです。

●不正は必ず露見する――天知《てんし》る　地知《ちし》る　我知《われし》る　汝知《なんじし》る

さて、賄賂をもらって不正を働けば必ずといっていいほど後でバレます。なぜなら、それを知っているのは自分ひとりだけではないからです。中国の古典（『後漢書《ごかんじょ》』・『十八史略《じゅうはちしりゃく》』・『資治通鑑《しじつがん》』など）の中に、「四知《しち》」という興味深い話が出てきます。

清廉潔白《せいれんけっぱく》な官僚・楊震《ようしん》が、地方の太守《たいしゅ》に任命されて赴任する途中、ある村で宿をとった時のことです。夜遅くになって、王密《おうみつ》という県令《けんれい》がひそかに訪ねてきます。王密は、かつて楊震の引き立てで地位を得た人で、それを恩義に感じていました。おそらく二人は、昔話に興じたことでしょう。

そして夜半、王密が帰る間際に懐《ふところ》からお金を出して楊震に渡そうとしました。今までのお礼という意味もあったのでしょうが、むしろこれからの便宜を図ってもらうためです。楊震がこれを断ろうとしますが、王密は「夜分のことだから、自分がここに来たことも、お金を渡したことも、誰にも知られることはありません」といって、なおも渡そうとしました。

その時に楊震がいったことが「四知」、すなわち、

「天知《てんし》る　地知《ちし》る　我知《われし》る　汝知《なんじし》る」

です。

「誰も知らないとお前はいうが、そんなことはない。天が知っている。地が知っている。なにより私が知っているし、お前も知っているではないか。誰も知らないということはあるまい」

楊震は、その後、当時の官僚として最高位にまで上りますが、一方の王密はこの一件だけで後世まで悪名《あくみょう》を残すことになります。たった二人だけの秘密だとしても、不正や悪事はいつか世に知られるようになります。「四知」は、出典によっては「天知る　神《かみ》知る　我知る　子《なんじ》知る」となっているものもあります。

『老子《ろうし》』「第七十三章」には、

「天網恢恢《てんもうかいかい》疎《そ》にして漏《も》らさず」

とあります。たった二人だけの秘密だとしても、秘密は必ず漏れますし、悪人は必ず網に引っ掛かります。そもそも、「ここだけの秘密」といってささやく話ほど、驚くほど早く広く伝わるではありませんか。

●「餮・欲」を断ち切るための三つの心構え

「財あるものの訟は、石を水に投ぐるが如く、乏しき者の訴は、水を石に投ぐるに似たり」の典拠は、中国・梁《りょう》王朝の時代に編纂された『文選《もんぜん》』にあります。

「石を以《もっ》て水に投《とう》ずるが如《ごと》し、之《これ》に逆《さか》らうことなきなり

水を以《もっ》て石に投ずるが如《ごと》し、之《これ》を受《う》くることなきなり」

〔財産のある者の訴えは、賄賂を多くするから、石を水に投げ込んだ時に波紋が広がるように聞き届けられるが、貧しい者の訴えは、水を石にかけてもはじき返されるように聞き容《い》れられることがない〕

賄賂を与える方も受け取る方も「餮《むさぼり》・欲」といった邪心から離れることができないことを皮肉っています。

この「餮・欲」を断ち切る心構えとして「慎独《しんどく》」「知足《ちそく》」「配置《はいち》の妙《みょう》」といった三つのキーワードがあります。

一つ目は「慎独」です。慎独とは「独《ひと》りを慎《つつし》む」ということ。つまり人前だけではなく自分が独りでいる時にも、誠実な意《こころ》を忘れず、行いを慎むということです。

換言すれば、〈人の知らないところ、人が見ていないところであっても、悪事や隠し事などをせず、いつであろうとも、己れ自身のあり方について深く慎むことが肝要だ〉ということ。もっと簡潔にいえば〝自分に嘘をつかない〟ということです。「慎独」は、人としての修養の大きなキーワードです。

二つ目は「知足」です。知足もまた己れの品格を高め、心の愉快を覚える意味で十分に心しなければならないことです。

人は、「足るを知る」ということ、つまり〈自分の分《ぶん》（身の程）というものを弁《わきま》えて、余計な欲を出さずにほどほどで満足する〉ということを心の根底に持ってこそ、「貪《とん》」に溺れることもなく、禍《わざわい》から遠ざかることもできます。

仮に地位や名誉や財産があっても、その人の〝人物〟を評価する際には何の足しにもなりません。逆に、地位や名誉や財産がなくても〝あの人は人物なり〟といえる人はいくらでもいます。

大切なことは、己れ自身がいかなる人間たろうとするのか、いかなる人としての品格を持つかという向上心・立命の志であり、その主体はあくまでも〝己れ自身〟

にあります。地位が低かろうが、名声が聞こえなかろうが、財産が少なかろうが、そのようなものに執着・拘泥《こうでい》せずに、ささやかではあっても自らの生活を人格の高揚にかけて生きている人こそが、〝真の人格者〟といえるでしょう。

そのようなこともわからずに、地位や名誉や財産によって人の軽重《けいちょう》を問うなどは、それを問う人自身の品格卑下なることを自ら暴露しているようなものです。

三つ目は「配置の妙」です。誰であっても人はみな、それぞれ天から与えられた「配置の妙」というものがあります。

例えば、日本庭園の池には、水をたたえた池なりの美しさがあり、それを取り囲む松には松なりの美しさ、竹には竹なりの美しさ、梅には梅なりの美しさがあります。また、枯山水《かれさんすい》の庭石《にわいし》にも白砂《はくしゃ》にも、それなりの美しさがあり、それぞれがそれぞれに配置の妙をたたえて、名園の美が形成されるわけです。

しかも、日本庭園の美には四時順行する季節の移ろいが反映して、つまり寒暖・苦楽を併せて経験しながら、庭園の美はさらに洗練された美へと昇華されます。

他人の境遇や学歴あるいは氏素性《うじすじょう》を云々《うんぬん》するのは、自分に自信がない証拠です。

そもそも、学歴や氏素性や地位・名誉・財産などというものは、本質的に重要なことではありません。大切なことは、どの人にも、「配置の妙」に与《あずか》る本性《ほんしょう》があるということです。それをシッカリと弁えることです。

長くもあり、また短くもある人生ですが、「慎独」と「知足」と「配置の妙」をしっかりと肝《きも》に銘《めい》じて〝己れを生きる〟ということが、〝私利私欲を去り、意《こころ》を誠にし、いかなる時も正しい判断を下す〟上で重要であろうと思います。

第六条　悪を懲らし善を勧むる
——心は水のごとく清し

六《ろく》に曰《いわ》く、悪を懲《こ》らし善を勧《すす》むるは、古《いにしえ》の良き典《のり》なり。是《ここ》を以《もっ》て人の善を匿《かく》すことなく、悪を見ては必ず匡《ただ》せ。其《そ》れ諂《へつら》い詐《いつわ》る者は、則《すなわ》ち国家を覆《くつがえ》す利器《りき》たり。人民を絶つ鋒剣《ほうけん》たり。亦《また》佞《おもね》り媚《こ》ぶる者は、上《かみ》に対しては則《すなわ》ち好んで下《しも》の過《あやま》ちを説《と》き、下《しも》に逢《あ》いては則《すなわ》ち上《かみ》の失《あやまち》を誹謗《そし》る。其《そ》れ此《かく》の如《ごと》き人は、皆君に忠《ちゅう》なく民に仁《じん》なし。これ大《おお》いなる乱《みだれ》の本《もと》なり。

〔訳〕第六条。勧善懲悪《かんぜんちょうあく》は昔からのよい教えであり、それ故に人の善行《ぜんぎょう》を世に明らかにし、悪行《あくぎょう》は必ず正さなければならぬ。心にもないことをいって人のご機嫌をとり、また人を欺きだますような者は、国家を覆す鋭利な刃物であり、民を陥れる殺人剣《せつにんけん》である。また口先だけで誠意がなく、媚《こ》び諂《へつら》って相手の気を引こうとする者は、例えば上司に向かっては好んで部下の過ちを告げ口し、部下に向かっては上司の過失を非難しけなす。こういうつまらぬ輩《やから》はみな、人に対する誠の心も仁愛の心もなく、人と人との関係を大きく損なう元凶となる。

●「勧善懲悪」と「七仏通戒偈」

第六条は、〈礼〉の各論の一つとして、〔勧善懲悪といった社会規範における〈礼〉（礼義）〕について述べられています。

この「悪を懲らし善を勧むる」（懲悪勧善）の典拠は、『春秋左氏伝《しゅんじゅうさしでん》』という中国の経典《けいてん》で、いわば儒教的なことばですが、これを仏教的なことばに置き換えれば、

「諸悪莫作《しょあくまくさ》　衆善奉行《しゅぜんぶぎょう》　自浄其意《じじょうごい》　是諸仏教《ぜしょぶっきょう》」

〔悪いことはしなさんな、善い行いをしなさいよ。そうして己れの意《こころ》を浄《きよ》くしなさい。是《これ》が諸仏の教えです〕

となります（「七仏通戒偈《しちぶつつうかいげ》」）。

中国の詩人・白居易《はくきょい》（白楽天《はくらくてん》）がある日、鳥窠道林禅師《ちょうかどうりんぜんじ》に「仏法というものはどういうものか」と尋ねたところ、禅師が答えたのがこの「七仏通戒偈」でした。白居易が「そんなことは三歳の子どもでも知っているではないか」といったところ、禅師は「白髪の老翁《ろうおう》といえども、実践することは難しい」と応《こた》えます。私たちも年齢にかかわらず〝自浄其意〟の意《こころ》を本《もと》として生きていきたいものです。

仮に「憲法十七条」が強い仏教的思惟《しゆい》の下《もと》で策定されたものであるならば、当然ながら仏教界周知の「七仏通戒偈」である「諸悪莫作、衆善奉行」の句が使われたはずです。しかし、ここで儒教的な「懲悪勧善」の句が使われたのは、国造りを進めるに際して、「憲法十七条」が〈時の先進国であった儒教国・隋の中央集権国家体制にみならった規範的なもの〉を強く意識していたからにほかなりません。

ですから、「憲法十七条」については、単に仏教的に解釈するのではなく儒教的に、つまり政治学的・宰相学的に解釈する方がシックリくるように思います。

●国・組織の「大いなる乱の本《もと》」になる佞人

さて、悪にもいろいろありますが、第六条にいう悪の典型は、「諂い詐る者」および「佞り媚ぶる者」です。「諂い詐る者」というのは、〔心にもないことをいって人のご機嫌をとり（諂う）、嘘をついて他人《ひと》をだます（詐る）ような輩〕です。そして「佞り媚ぶる者」というのは、〔うわべの口先だけで誠意がなく（佞り）、相手の気を引くために媚び諂う（媚ぶる）ような輩〕です。

第六条の注釈によれば、「佞り媚ぶる者」とは〔上司に向かっては好んで部下の過ちを告げ口し、部下に向かっては上司の過失について誹謗・中傷するようなつまらない人間〕だということです。ちなみに、「誹謗」というのは〔他人《ひと》をそしること、他人の悪口をいうこと〕であり、「中傷」というのは〔根拠のない悪口をいいふらして、他人の名誉を傷つけること〕です。

『論語』「十七24」にも、君子が悪《にく》むこととして、

「人の悪を称する者を悪む。下流《かりゅう》に居て上《かみ》を訕《そし》る者を悪む。勇にして礼無き者を悪む。果敢《かかん》にして塞《ふさ》がる者を悪む」

とあります。人の悪口をいいふらす者、自分が部下でありながら上司の悪口をい

う者、偉そうにするが礼義のない者、冷静な判断なしにただがむしゃらに突っ走る者を、孔子はことさらに嫌ったようです。

「諂い詐る者」および「佞り媚ぶる者」を、ここではひとまず「佞人《ねいじん》」としておきましょう。口先が巧みで誠意がなく心がねじけているような佞人が、〝一小人《いちしょうじん》〟として振《ふ》る舞《ま》っているうちはそれほど害もないのですが、時にうまく世渡りをして組織のリーダーになることがあります。

「勧善懲悪」とは裏返しになりますが、前漢末期の作とされる兵法書《ひょうほうしょ》『三略《さんりゃく》』「上略《じょうりゃく》」に、

「善を善として進めず、悪を悪として退けず、賢者は隠蔽《いんぺい》し、不《ふ》肖《しょう》位《くらい》に在れば、国その害を受く」

とあります。善行《ぜんぎょう》と知りながら実行しようとせず、悪行《あくぎょう》だと知りながらやめようとせず、優れた人材がいてもこれを隠して登用せず、くだらない者が地位を得ているようでは国が滅ぶということです。これは、国に限らず、企業としても、また人の生き方としてもいえることです。

「諂い詐る者」および「佞り媚ぶる者」はいわゆる「不肖なる者」であり、不肖の

者が地位にあるようでは必ず綻《ほころ》びが顕《あらわ》れて、組織はいずれ崩壊してしまいます。つまり、佞人こそが組織の「大いなる乱の本《もと》」になるということです。しかるに、佞人の言《ことば》は耳に心地よいものであることから、これに惑わされる人のなんと多いことか。

●佞人を重用した今川氏真、賢臣を重用した毛利敬親

ここで閑話ですが、「佞人」を重用《ちょうよう》したがために結果として領国《りょうごく》を追われた戦国大名に、今川氏真《いまがわうじざね》がいます。氏真の父・義元《よしもと》が「桶狭間《おけはざま》の戦《たたか》い」（一五六〇年）で織田信長に討たれた後、今川家の領国を継いだ氏真ですが、不幸なことに、桶狭間で義元という当主を亡くした上、重臣のことごとくが討《う》ち死《じ》にしたことから領国の統治が思うようにいかなくなり、紛争や離反が相次ぐようになります。

氏真はそれなりに努力したようですが、なかなか思うようにいかないことから、やがて周りの佞人に惑わされて次第に領国の統治よりも趣味・趣向に走るようになり、結局は徳川家康との主従関係が逆転して領国の統治権を失い、駿河《するが》・三河《みかわ》・遠江《とおとうみ》を領する戦国大名としては失脚《しっきゃく》してしまいます。

『甲陽軍鑑《こうようぐんかん》』によれば、氏真は、譜代の賢臣をないがしろにし（懲善）、佞人を重用して和歌や蹴鞠《けまり》などの娯楽・遊興におぼれ（勧悪）、あげくの果てに国を乗っ取られた人物として描かれています。

ただ、氏真自身は戦国大名として失脚したとはいえ、新たな人生として趣味を愉《たの》しみ、家康の庇護《ひご》の下《もと》で〝文化人〟として長生きしたそうです。一六一五年、「大坂夏の陣」の年に没、享年七十七歳。人生五十年といわれた時代、戦国大名としては失格だったかもしれませんが、文化を愉しんだ彼の人生もまんざら捨てたものではなかったのかもしれません。

そのまま領主として領国を支配していたら、おそらく信長か秀吉に滅ぼされていたでしょう。氏真の生き方に賛同するしないは別として、人生というものを考える時に一考すべき人物だろうと思います。

逆に、「佞人」を遠ざけ、「賢臣」を重用して長州藩を討幕の雄藩にまで押し上げたのは、十三代藩主・毛利敬親《もうりたかちか》です。敬親は、家臣の意見に対して常に「うん、そうせい」と応えていたことから、「そうせい侯《こう》」というあだ名をつけられていました。しかし、決してすべてを家臣任せにしていたわけではなく、重要な決断については賢臣の意見を十分に聴いた上で必ず自らが行っていたといいます。

幕末の長州藩は、一八六三年の「八月十八日の政変（八・一八政変）」以降、禁門の変（蛤《はまぐり》御門《ごもん》の変）・下関戦争・第一次長州征伐・薩長同盟・第二次長州征伐と時代の波に翻弄《ほんろう》されますが、敬親は、村田清風《むらたせいふう》を登用して藩政改革を行い、吉田松陰を若い時から重用し、桂小五郎（後の木戸孝允《きどたかよし》）や高杉晋作、あるいは伊藤俊輔《いとうしゅんすけ》（後の伊藤博文）など、多くの優秀な人材を輩出させ、苦難の道を乗り越えていきました。佞人を遠ざけ、善士《ぜんし》・人材を登用して、まさに「善を匿《かく》すことなく」を実践したわけです。

作家・司馬遼太郎は、「ある意味では、かれほど賢侯であった人物はいないかもしれない。かれは愚人や佞人を近づけようとはせず、藩内の賢士を近づけた」（『世に棲む日日〈二〉』「毛利敬親」）といって、「そうせい侯」を絶賛しています。

●〝自浄其意〟を貫いた黒田如水の生き方

一方、佞臣や賢臣に由《よ》らず、自ら「我、人に媚びず、富貴を望まず」といったの

は、豊臣秀吉を天下人《てんかびと》として押し上げた参謀型武将・軍配者《ぐんばいしゃ》の黒田官兵衛孝高《くろだかんべえよしたか》、後の黒田如水《じょすい》です。如水という号は、
「身は毀誉褒貶《きよほうへん》の間にありといえども、心は水のごとく清し」
〔人は自分のことをとやかくいうようだが、人にどういわれようとも、私の心は澄み切った水のように清らかである（まさに〝自浄其意〟）〕
といった心意気《こころいき》によるとされています。
「我、人に媚びず、富貴を望まず」
〔私は、人に媚び諂うようなことはしないし、富や権力・肩書も望まない〕
という心意気を示した如水は、まさに「憲法十七条」の第五条および第六条を地《じ》で行った人であります。

このような歴史上の人物はさておき、我われとしても、「諂い詐る者」および「佞り媚ぶる者」といった「〈礼〉なき佞人」として世間を乱すような〝小人《しょうじん》〟にはなりたくないものです。そのためにも、「自己を節する」「相手を敬する」という〈礼〉のあり方を十分に心すべきです。

第七条　掌ること宜しく濫ならざるべし

――〝人物〟となるための基本的覚悟

七《しち》に曰《いわ》く、人には各《おのおの》任《にん》有り、掌《つかさど》ること宜《よろ》しく濫《みだり》ならざるべし。其《そ》れ賢哲《けんてつ》官に任ずれば、頌音《しょうおん》則《すなわ》ち起こり、奸者《かんじゃ》官を有《たも》たば、禍乱《からん》則《すなわ》ち繁《しげ》し。世に生まれながらに知るは少なし。尅《よ》く念《おも》いて聖《ひじり》となる。事《こと》大少となく、人を得《う》れば必ず治まり、時急緩《とききゅうかん》となく、賢《さかしきひと》に遇《あ》えば自《おの》ずから寛《ゆるやか》なり。此《こ》れに因《よ》って国家永久にして、社稷《しゃしょく》危《あや》うきこと勿《な》し。故《ゆえ》に古《いにしえ》の聖王《せいおう》は、官の為に以《もっ》て人を求め、人の為に官を求めず。

〔訳〕第七条。人はみなそれぞれに与えられた役割分担があり、誠心誠意を尽くしてその任務にあたらなければならぬ。人材登用に際して、才智ある人を要職につければ難しい事案も自ずと治まり、周囲からほめたたえる声も聞こえてくるが、ずるがしこい奴を要職につければいろいろと問題が生じて非難されることになる。そもそも生まれながらにして才智ある人は少なく、よくよく思慮を重ねて学んでこそ立派な人となるわけで、そのような人を登用してこそ政《まつりごと》はうまくいく。したがって、賢明なトップリーダーは重要なポストに相応《ふさわ》しい〝人物〟を求めたのであり、適材でもない者をわざわざその職につけるなど決してしなかったのである。

●重要な役職には〝人物たる者〟を任じ、功労者には金品で報いる

第七条では、「賢哲を官に任ずること」あるいは「適材を適所に登用すること」が、〔長たる者の心すべき〈礼〉（礼義）〕であると説いています。

日本の歴史において、人材登用を具体的に体系化した初の試みが、「憲法十七条」と並行して制定・施行された「冠位十二階」です。当時、有力な氏族が官位や職務を世襲し、時に〝政《まつりごと》〟を壟断《ろうだん》していたことから、「賢哲を官に任ずること」

は新しい国造りを目指す為政者・聖徳太子の強い願いであったと思われます。〔賢者を要職に任ずれば国家は安泰であり、邪《よこしま》な心を持つ姦者《かんじゃ》を任ずれば国家は危急存亡の危機に瀕する〕ということは、歴史を繙《ひもと》けばいくらでも例があります。だからこそ、「古の聖王は、官の為に以て人を求め、人の為に官を求めず」だったのです。現在でも、才智ある人物を大臣に据えた時は難題も自ずと乗り越えられますが、つまらぬ人間を大臣にしたことで野党から攻められ、しどろもどろの弁明の末に辞職に追い込まれては首相の任命責任が問われることも珍しくありません。

　第六条では「諂《へつら》い詐《いつわ》る者」および「佞《おもね》り媚《こ》ぶる者」が〔大いなる乱《みだれ》の本《もと》なり〕とありましたが、第七条では改めて「賢哲」つまり〝人物たる者〟を求めています。

「古の聖王は、官の為に以て人を求め、人の為に官を求めず」については、西郷隆盛も『南洲翁遺訓』（『西郷南洲遺訓』）の中で、〔いくら国家に功労があったとしても、その職に任ずるに相応しくない人にポストを与えて賞することは最悪のことである。ポストというものは、その〝人物〟たるを選んでこれに任ずることが肝要で、功労があった者に対しては金品をあげて大切にしておくのがよろしい〕という意味のことをいっています。つまり、重要なポストというものは、その〝ひととなり・人物〟をみて与えるのが国家・企業などの繁栄に重要なことであり、功績のあった者に対してはポストよりも特別賞与を与えておくのがよいというわけです。

●評価・登用する立場にある人は自ら最終評価を下すことが大切

ところで、「人の登用」に際しては〝二つの立場〟があります。いうまでもなく、評価・登用する立場と登用される立場です。

まず、「賢明で才智ある賢哲を評価・登用する立場」にある者として心がけなくてはならないことがあります。それは、〔人を評価する際に、最終評価を人任せにしないこと〕です。特に重要なポストであればあるほど、他人の評価に任せるのではなく、できれば自分の目でよく観察して確かめることが大事です。仮にそれができなければ、せめて他人がどういった点を評価したかの理由・ポイントを精査することが大切です。

『論語』「十五27」に、

「衆之《しゅうこれ》を悪《にく》むも必ず察し、衆之を好《よみ》するも必ず察す」

とあります。衆つまり世間の噂というものは大して当てにはなりません。〔多くの人から嫌われているから悪い人／多くの人から好かれているから良い人〕だろうと軽々《けいけい》に信じることなく、噂の根拠を客観的に観ることが人を見る目を養います。俗人に嫌われている人、俗人から変人扱いされている人の中には、案外、俗人にはわからぬ優秀な人材が隠れているものです。世評をそのまま信じると、後になって「なんであんな奴を任命してしまったのだろうか」と後悔することにもなりかねません。

そして又、自分の目で評価して任命した以上は、その人を信じて任せることが評価・登用する立場にある者あるいは長たる者の責任・役割です。

●人から評価・登用されるためには〝学ぶ〟ことが第一

翻って、「人に評価され選ばれる人になるため」には、やはり〝学ぶ〟ことから始まります。「世に生まれながらに知るは少なし。尅く念いて聖となる」とあるように、そもそも生まれつき才智も分別もある聖人なんて滅多にいません。人はみな、教育を受け、自ら研鑽《けんさん》努力し、経験を積み、さらに思慮分別を重ねてこそ立派に世に役立つ人となるのです。その一連の努力を〝学ぶ〟というのであって、試験で高い点数を取ることが〝学ぶ〟ことではありません。

この〝学ぶ〟ということに際して、私たちが特に心すべきは〔学んで知ることに、早いとか遅いとかを気にすることはない〕ということです。中国の経書《けいしょ》『中庸《ちゅうよう》』でも、〔生まれながらにして知ることも、学んで後に知ることも、あるいは苦しみ悩んだ上で知ることも、〝知る〟こと自体に早晩《そうばん》はあるけれど、結果的に〝知る〟ことにかわりはないぞ〕と励ましてくれます。

大切なことは、若くして学び、青年・壮年でも学び、老いても学び続けることです。仮に魯鈍《ろどん》であっても、よく学び思慮を重ねていけば、必ず立派な人物となることができます。逆に、生まれながらに賢くても、学ばず思慮も重ねなければ愚か者になります。幼い頃は神童《しんどう》とよばれていても、大人になってつまらない人間になっていることもあれば、幼い頃はまったく目立たなかったのに、大人になって〝一流の人物〟になっていることはよくあることです。

仮に、〝一流の人物〟とまでならなかったとしても、「あそこには、あの人がいる」「あの人は、その場にどうしても必要なんだ」として人から求められるような

〝人物〟となるために、日々、自ら学び、人格を磨きたいものです。

●一流の人物への道は〝三つの基本的覚悟〟にある

ところで、〝人物〟となるためには〝三つの基本的覚悟〟が必要です。

その第一は、なんといっても「志を持つこと」です。現在直面している運命・環境に対して愚痴や文句をいうばかりではなく、その環境の中で〔これから自分はどう起《た》ってゆくか、いかに生きていくか、何を求めていくか〕が重要です。それが、命《めい》を立てること、つまり〝立命〟といわれるものです。

「運命」と「宿命」ということばがあります。太陽が東から昇り西に沈むこと、春夏秋冬が順行すること、人の生には限りがあること、これらは変えることのできない「宿命」といえます。変えることのできない「宿命」について、いつまでもくよくよとこだわっていたところで仕方のないことです。

一方「運命」というのは、その字が示す通り〝運ぶもの〟〝変化するもの〟ですから、人為ではどうしようもない「宿命」とは違います。刻々と変化していく「運命」の中で、いかに〝立命〟していくかを真剣に考える。そこに「志」が生まれるのです（第十四条参照）。

「理想の生活」「理想の職業」「理想の家庭」などというものは、はじめから準備されているものではありません。それらは、自分自身が立命し努力してつくりあげていくものなのです。

基本的覚悟の第二は、「今《いま》を誠実に生きること」です。本条の冒頭にもあるように、世の中にはいろいろな職業があり、またいろいろな役割分担があります。そして、人はみな、与えられた役割・任務について誠心誠意努めることが大事です。

仮に旅館の下足番《げそくばん》を命じられたら、豊臣秀吉ではありませんが〝日本一の下足番〟といわれるほどの人になればよい。そうなれば、世間はその人を一介《いっかい》の下足番のままにはしておかないでしょう。

でたらめにやるようでは人の目に留まることはありませんし、かえって人に迷惑をかけるばかりですから最初からやらない方がましです。仕事でもスポーツでも読書でも、そして遊びでも、その時に取り組んでいることに対して誠実に精進《しょうじん》することが、次の運命をいい方向に開いていくきっかけになります。その一念が大事であって、「念」という字も「今」を真剣に生きる「心」と書きます。

基本的覚悟の第三は、「プロセスを築きあげること」です。イソップ童話「うさぎとかめ」のかめのように、志に目を向けて手を抜かないであきらめないで、地道なプロセスを築きあげることです。かめのようにのろまで遅くあろうとも、自分なりのプロセスを一つひとつ築き固めて、自分なりに納得のいく成果を確実に蓄積していくことがなにより重要です。

そうして築きあげたものが、個人にとっての財産となり〝人物〟となるための本《もと》となります。うさぎの失敗は、自分の志・目標といったものをみないで、相手（かめ）ばかりみていたところにあります。

「命を立て、与えられた今を誠実に生き、そのプロセスを検証しながら着実に築きあげること」換言すれば「自分の志したことを、常に自分に誠実に、自分なりの工程を踏んで歩んでいくこと」が、人間的魅力を醸成《じょうせい》します。それが、凡夫が〝人物〟となるための基本的覚悟です。その覚悟を強く意識した上で、シッカリと〝学び〟、思慮分別を重ねていくことが〝一流の人物〟となるための道です。

第八条　早く朝りて晏く退れ
――段取り七分、仕事三分

八《はち》に曰《いわ》く、群卿百寮《ぐんけいひゃくりょう》、早《はや》く朝《まい》りて晏《おそ》く退《さが》れ。公事《こうじ》は盬《もろ》きことなし。終日《ひねもす》にても尽《つく》し難《がた》し。是《ここ》を以《もっ》て、遅く朝《まい》れば急なるに逮《およ》ばず、早く退《さが》れば、必ず事《こと》尽さず。

〔訳〕第八条。高位高官の者から諸役人に至るまで、朝早く出仕し、晏くまで（朝のおそくまで＝お昼頃まで）職務に励みなさい（働く者にとって基本的なことは、定刻より前に出社し、少なくとも終業時間までは誠実にシッカリと働くことである）。公務は山積《さんせき》しており片時もおろそかにできないもので、一日中かかってもやり尽くすことは難しい。このゆえに、朝遅く出仕したのでは急の用に間に合わず、終業時間前に退出するようでは必ず業務が滞《とどこお》ってしまうであろう。

●夜明け前に出仕し、昼頃に退出していた宮廷の人たち

第八条は、〈朝堂における〈礼〉、いわゆる朝礼〉について説かれています。本条文を現代風に解釈すれば、

〈職業人も学生も、みんな始業ベルよりも少し早く来て、終業ベルの前に帰ることなく職務や勉学に精励しなさい。いかなる仕事も学業も疎かにはできないものであり、一日かけて終わらない時もある。始業時間ギリギリに来てバタバタするようでは落ち着いて取り組むことはできないし、終わる時間を気にしてソワソワするようでは仕事も学業も上《うわ》の空で何も身につかないであろう。〈だから、決められた時間内に集中して取り組めるように、事前に整理・準備しておくことが大切だ〉〉

ということでしょうか。

「朝《ちょう》」とは〈夜の明けきらぬ早朝〉のこと、「晏《あん》」とは〈太陽が清く照るお昼頃〉のことですから[2]、「早く朝りて晏く退れ」は〈夜明け前には出仕し、お昼頃に退出せよ〉ということになります。本句の典拠は、『礼記《らいき》』「礼器篇《れいきへん》」にある、

「質明《しつめい》にして始めて事を行い、晏朝《あんちょう》にして退く」かと思われます。「質明」とは〈夜明け〉のこと、「晏朝」とは〈朝の遅い正午頃〉のことです。

また、『墨子《ぼくし》』「尚賢中《しょうけん》」にも、「賢者の国を治むる也《や》、蚤《はや》く朝《ちょう》し晏《おそ》く退く」とあります。「蚤《そう》」は〈早い〉という意味ですから、ここでも〈鶏が鳴く頃の出仕と、お昼頃の退出〉が示唆されています。ちなみに、〈日暮れ〉は晏《あん》ではなく莫《ばく》（＝暮《くれ》）という字で表現することが、同じ「尚賢中」にみえます。

何年も前のことですが、テレビの歴史番組で「早く朝りて晏く退れ」について、〈朝早くから夜遅くまで働けとは、聖徳太子も長時間労働の推奨派だったんですね〜〉と解説していました。でもこれは、明らかに間違っています。中国では古代から清朝の時代まで、朝早く出仕して午前中に政務を執り行っており、わが国でも昔は中国をみならって午前中に政《まつりごと》を行っていました。

『日本書紀』「舒明《じょめい》天皇八年」に、〈卯《う》の刻のはじめに出仕し、巳《み》の刻のうしろに退出させよ〉という記載があります。舒明天皇八年は西暦六三六年に当たり、聖徳太子が崩御された年からほぼ十四年経っています。「卯の刻のはじめ」というのは〈午前五時〉のことで、「巳の刻のうしろ」というのは〈午前十一時〉のことです。つまり、舒明天皇八年の時に、〈午前五時に出仕、午前十一時に退出〉といった具体的な刻限が決められたようです。

それに比べて、「憲法十七条」の方は〈午前中〉という大まかな規定でしかありませんでした。〔「憲法十七条」は聖徳太子の時代に策定されたものではない〕という説がありますが、「早く朝りて晏く退れ」の句は、少なくとも舒明天皇の前つまり推古天皇の時代に策定されたものという証左《しょうさ》にもなります。

いずれにしても、聖徳太子の時代も舒明天皇八年以降も政《まつりごと》が午前中に執り行われており、それが「朝廷」や「奈良朝」「平安朝」の「朝《ちょう》」の字の由縁《ゆえん》だとされます。ですから、聖徳太子は、決して朝早くから夜遅くまで働けという長時間労働を推奨していたわけではありません。

ちなみに、一一二〇年頃以降に完成したとされる『今昔物語集』「二十七–九」に、「今は昔、官の司《つかさ》に朝庁《あさまつりごと》と云ふ事行ひけり。それは、いまだ暁にぞ火灯《とも》してぞ、人は参りける」

とあり、朝早くから松明《たいまつ》を灯して参内《さんだい》した様子が記されています。しかし、それは〝今は昔〟のことであって、平安時代の中期から末期には、「早く朝《まい》りて（日が昇る前からの参内）」をやめたのだろう、と思われます。

●「準備」と「整理」がものごとを成功に導く

さて、「早く朝りて晏く退れ」の本来の趣旨は、〔遅滞なく効率的に職務を全うせよ〕ということです。さらに具体的にいえば、始業時に直ちに仕事に取りかかれるよう少し早く来て準備をし、終業時間が少しばかり過ぎたとしても仕事に〝ひと区切り〟つけてから帰るようにしなさいということ、要するに「準備」と「整理」の重要性を強調していると考えられます。

前半の「早く朝る」ということは、「備えあれば憂いなし」というように何ごとも準備が大切であることを示しています。例えば、定刻よりも十五分早く出社するだけでも心のどこかに余裕ができて、「さあ、今日もやるぞ！　何でも来い！」と受けて立つ心構えができます。かくして、その日の仕事が快調に滑り出していくことになります。学生であれば、少し早く登校することで友達とコミュニケーションがとれますし、授業に向かう心構えもできます。

一方、「晏く退れ」ということは、「飛ぶ鳥も跡をみよ」というように、その場を立ち去る時はきちんと整理することの大切さを示しています。職場を退出する時、チョット机の上に目を落としてみる。机の上を片づけることはもちろんですが、ポイントは翌日取り掛かることを念頭に置いて整理整頓することで、忘れていた要件を思い出してメモしておくだけでも、翌日の仕事の効率を高めることに役立ちます。

このように、「準備」と「整理」が〝心の余裕〟を生み、心の余裕から導かれる行動の積み重ねがものごとを成功に導いてくれます。これをわが身の日常生活に置き換えてみれば、例えば「朝目覚めた時」に、〔今日はこれをやろう／今日はあいつと会おう／今日はあの名所に行ってみよう／今日はあの本を読もう〕などと一日の予定が立っておれば、蒲団を出てからのリズムが違ってきます。

一方、「夜寝る時」にその日一日を振り返り、〔今日は予定通りできて楽しかった／今日は予期せぬことが起こったが、あの人のお蔭でうまくいった／今日の失敗を工夫して明日はあれをやってみよう〕などと感謝や反省をすることが大事です。それがまた、明日への予定や心がけにつながり、長い目でみれば人生の成功へと導かれることになるでしょう。

それほどに、「夜寝る時」の心構えは重要であり、「翌朝目覚めた時」のリズムにもつながります。

●「雑務」とは〝よき仕事〟を成し遂げるための「準備」

「公事は盬きこと靡し」の「公事」とは〔公務〕のことです。

本句の典拠と思われる『詩経《しきょう》』「小雅《しょうが》」では、

「王事《おうじ》は盬きこと靡し」

とあります。官人に対して説かれた服務心得としての「憲法十七条」では、本来の「王事」を「公事」にかえて条文化したものと思われます。

この「盬《こ》」とは〔精製していないにがりのある塩〕[2]のことで、未精製でにがりのある塩は〝固くない〟ことから、〔もろい／おろそか〕[2]に転じたものと考えられます。また、「憲法十七条」の第五条に「其《そ》れ百姓《ひゃくせい》の訟《うったえ》は、一日《いちじつ》に千事《せんじ》あり。一日すら尚爾《なおしか》り、況《いわん》や歳《とし》を累《かさ》ぬるをや」とあり、この当時でも公務あるいは訴訟というものが非常に多かったことがうかがわれます。

ところで、ひと口に「仕事」といっても、仕事には「任務」と「実務」と「雑務」があります。「任務」というのは、その人に課せられた果たさなくてはならない務めです。「実務」というのは、任務を果たすための実際の行動そのものです。そして、この実務を実際に遂行する前段階のこまごまとした用務・段取りが「雑務」です。

「段取り七分、仕事三分」という慣用句があります。仕事をする上で留意すべき基本的な心得ですが、それほどに仕事の中で雑務の占める割合は高いのです。むしろ、仕事とは〝雑務の連続〟といってもよいほどです。「iPS細胞」を作製してノーベル医学・生理学賞を受賞した山中伸弥《やまなかしんや》教授も、本質的・実質的な実験に携わるまではラットの世話やら実験器具の洗浄やら、その他諸々《もろもろ》の雑務をこなしてこられたのです。

企業の営業マンにしても、詳細な市場調査が欠かせませんが、詳細な市場調査を実施するためには協力が得られるような〝よき人間関係〟を普段から構築しておくことが大事です。大工さんも板前さんも、よい仕事をするために、かんなやのこぎりあるいは包丁の刃《は》を、時間をかけて丁寧に丁寧に砥《と》ぎ磨いています。この「段取り」あるいは「雑務」こそ〝よき仕事〟を成し遂げるための「準備」そのものです。

そのように、雑務をこなし、実務を遂行し、一つひとつの任務を果たしていくことで信用・信頼が得られ、人はより高次なレベルの仕事へと飛躍し成長していくものなのです。なのに、自分の仕事に付随した雑務や段取りをいつも他人任せで済ますようでは、結局地道なプロセスを自ら構築することができず、いつまでたっても精度の低い仕事に甘んじていることになります。

そういう人ほど、「俺はこんな雑務をするためにこの会社に入ったのではない」とか「会社は俺の能力をみる目がない」などと愚痴や文句をいうばかりで、やがて窓際族《まどぎわぞく》となって辞めていくことになります。

雑務を疎かにせず、雑務・段取りをキチンとこなせる能力を養ってこそ精度の高い実務が遂行でき、細部にも配慮して期待された任務を全うすることができるのです。

第九条　信は是れ義の本なり
――〈義〉とは、我を美しくするもの

九《く》に曰《いわ》く、信《しん》は是《こ》れ義《ぎ》の本《もと》なり。事毎《ことごと》に信《しん》有れ。其《そ》れ善悪成《ぜんあくせい》敗《ばい》は要《かなら》ず信《しん》に在り。群臣《ぐんしん》共に信《しん》あらば、何事《なにごと》か成《な》らざらん。群臣信《ぐんしんしん》なくば、万事《ばんじ》悉《ことごと》く敗れん。

〔訳〕第九条。人から信用・信頼されるということ、それが人として正しい道を歩む上での根本となる。何ごとに対しても、信用・信頼を裏切らないように〝誠心誠意〟で取り組むことだ。その結果が善か悪かあるいは成功か失敗かは、〝まこと〟のこころを込めて行ったかどうかにかかっている。お互いが〝まこと〟のこころで事に当たれば何ごとも成らぬことはないが、〝まこと〟のこころがなければ信用も信頼も得ら

れることはなく、何をやってもうまくいくことはない。

●「五常」の信と義を置きかえた「和風五常」

第九条から第十三条までは、〈信〉と〈義〉について述べられています。この第九条では「信は義の本」であるとして信用・信頼の大切さを説き、続く第十条と第十一条では、どちらかといえば〈信〉について、第十二条と第十三条では〈義〉について説かれています。

儒教の祖とされる孔子は、〈仁《じん》・義《ぎ》・礼《れい》・智《ち》・信《しん》・孝《こう》・悌《てい》・忠《ちゅう》〉といったそれぞれの徳目について、子弟たち各々《おのおの》の能力や人となりに合わせて適宜《てきぎ》教示しました。そして孔子の思想を継いだ孟子は、それらの徳目の中でも特に〈仁・義・礼・智〉の「四徳《しとく》」を重視しました。

しかし、紀元前のはるか昔から治乱興亡《ちらんこうぼう》・易姓革命《えきせいかくめい》に彩《いろど》られた中国の歴史においては、〈大切な人間同士の信用・信頼〉を裏切る事象が多かったことから、董仲舒《とうちゅうじょ》（前漢の漢学者で、儒教の国学化を献策した人物）は〈仁・義・礼・智〉に〈信〉を加えて「五常《ごじょう》」〈仁・義・礼・智・信〉を唱えました。ただし、〈信〉はあくまでも

〔仁・義・礼・智〕の後に追補《ついほ》されたものでした。

一方、「憲法十七条」と同時並行で策定された「冠位十二階」は、〔徳《とく》・仁《にん》・礼《らい》・信《しん》・義《ぎ》・智《ち》〕を〔大と小〕に分けて十二階としました。これは儒教の徳目である「五常」すなわち〔仁《じん》・義《ぎ》・礼《れい》・智《ち》・信《しん》〕の順列を入れ替え、また「五常」の上に〈徳〉を置く独特の配列となっています。

すなわち、「冠位十二階」では、儒教の最高の徳目とされる〈仁《じん》〉の次に〈礼《れい》〉を置き、その上で〈信〉と〈義〉の順列をかえて〔仁《にん》・礼《らい》・信《しん》・義《ぎ》・智《ち》〕とし、いわば「和風五常」の総和および調和として〈徳〉を最上位に位置づけたわけです。

この「和風五常」すなわち〔仁《にん》・礼《らい》・信《しん》・義《ぎ》・智《ち》〕の調和および総和としての〈徳〉こそが、「憲法十七条」の冒頭「和を以《もっ》て貴《たっと》しと為《な》し、忤《さから》う無きを宗《むね》と為《せ》よ」の〈和〉なのです。

● 〈信〉を主とする日本、〈義〉を主とする中国

このように儒教の徳目を統治階級の規範として構築したところに「冠位十二階」

の独自性がみられるわけですが、中でも特異的なのが「和風五常」の順列であり、「憲法十七条」の条文についても「冠位十二階」の爵号に合わせて述べられているわけです。

つまり、第九条冒頭の「信は是れ義の本なり」は、明らかに、儒教の「五常」である〈義〉と〈信〉の順番を入れ替えた「冠位十二階」独特の爵号に則って説かれたものだといえます。

儒教の代表的経典《けいてん》である『論語』「一13」に、

「信《しん》、義《ぎ》に近づけば、言《げん》復《ふ》むべきなり」

とあります。その解釈としては、

「人と約束したことば（人《しん》＋言《げん》＝〈信〉）が〈義〉に外れていなければ、その約束したことばを信用して行ってもよいが、約束したことが〈義〉に悖《もと》るようであれば、その約束事は履《ふ》み行うべきでない」

となります。

換言すれば、〈義〉と結びつかない〈信〉というものは信用・信頼するに足るものではなく、〈義〉を踏まえた〈信〉であってこそ、はじめてその人を信頼し、そのことばを信用することができるということです。

つまり、『論語』では〈義〉を第一義つまり〈信〉の根本ととらえており、「憲法十七条」にいう「〈信〉が〈義〉の根本である」とする趣旨とは、むしろ主客《しゅかく》が転倒しています。そこには、〈信〉を主とする日本と〈義〉を主とする中国が歩んできたそれぞれの政《まつりごと》に対する歴史の違いが示唆されているように思います。

●〈信《しん》〉と〈義《ぎ》〉が意味するもの

ところで、先述したように〈信《しん》〉という字は〔人《しん》（＝かさなる意）と言《げん》（ことば）〕から成り、〔口から出ることばが内なるこころと重なり合って合致していること〕を表しています[2)]。つまり、口から出ることばに嘘がなければ、信用・信頼を得るわけです。

信《しん》の訓《よ》みである〃まこと〃には、もう一つ〈誠《せい》〉という字もあります。この〈誠〉という字は〔言《げん》（ことば）と成《せい》（＝ぴったり合う意）〕から成り、〔ことばとぴったり合ったこころ〕を意味します[2)]。

おなじ〃まこと〃ですが、しいていえば〈信〉は〃発するこ̀と̀ば̀〃にポイントがあり、嘘をつかないということで他人に向かっての〝まこと〟を示します。一方、〈誠〉は〝内なるこころ〟にポイントがあり、むしろ己れ自身に向かっての〝まこと〟を示しています。

そして、ここで大事なことは、〝まこと〟とは単に「他人に対して嘘をつかない」というだけではなく、「自分に対しても嘘をつかない」ということであり、むしろ後者が基本中の基本だろうと思います。

本条におけるもう一つ重要な語句は〈義《ぎ》〉です。この〈義〉という字は、中国最古の漢和辞典『説文解字《せつもんかいじ》』によれば、「己れの威儀《いぎ》なり、我《われ》と羊《ひつじ》に従う」とあります。つまり、この〈義〉という文字は〔我と羊〕から成り、「羊」は〔善・美〕という字の省略形で〝よい〟という意味になります[2]。

また、「我」は〔刃《は》のある鋸《のこぎり》〕の象形とされ、刃を羊に加えて神前に供えたものがなんらの欠陥もなく、それが厳粛な作法に則《のっと》って行われることが神意《しんい》にかなうことから、「義《ただ》し」に通じています[3]。つまり、〈義〉は〔羊（＝美）と我を合わせた字〕ですから、〔我を美しくするもの〕と理解できます。要するに、〈〈義〉を通すことは、己れ自身を美しくまた立派にするものだ〉ということです。

●義の本になっている信頼

翻って、人生には一度なくしてしまうと二度と取り戻せないもの、あるいは取り戻すのに大変苦労するものがあります。その一つが、今ここにいう〈信《しん》〉いわゆる信用であり信頼です。

この信用・信頼を一たび失うと、それを契機として「あいつは〈信〉のおけない人間《やつ》だ」となって、やがてすべてを失うことにもなりかねません。いくらいい大学に入学し、いくらいい会社に入り、いくら立派な肩書がついても、あるいは政治家になり大臣になったとしても、一たび「彼は人間的に信用できない」という烙印《らくいん》を押されたら、その瞬間から〝人生の落後者〟としての道を歩まざるを得なくなります。その人が再び人としての信用・信頼を取り戻すまでには、膨大な時間と労力を要することになります。

ところでこの信用と信頼ですが、厳密にいえばこの二つの語句はニュアンスが少し異なります。「あの人は正直者だから、言うことは〝信用〟できる」「でも、この仕事を安心して任せるにはチョット心配で、〝信頼〟しかねます」というように、どちらかといえば信用よりも信頼の方がことばに重みがあるように思います。

与えられた役割に精一杯尽力《じんりょく》するのは〈義〉ですが、〈義〉の実践には自分に向けられた〈信〉つまり信頼を裏切りたくない、絶対に裏切らないという信念があります。この信頼つまり〈信〉こそが〈義〉の本になっているといえます。

●信頼を得るために必要な〝誠意〟と〝慎独《しんどく》〟の工夫

その〝信頼〟を得るための基本的なキーワードとなるのは、〝誠意〟と〝慎独《しんどく》〟です。

儒教の経典《けいてん》である『大学』「第二章」に、〝誠意（意《い》を誠《まこと》にす）〟について、「其《そ》の意を誠にすとは、自ら欺《あざむ》くこと毋《なか》れとなり。悪臭を悪《にく》むが如《ごと》く、好色《こうしょく》を好むが如くす。此《こ》れを之《こ》れ自慊《じけん》と謂《い》う。故《ゆえ》に君子必ず其の独《どく》を慎むなり」とあります。〝自慊〟というのは〔己れの良心に恥じるところなく、自ら心に満足する〕[2]という意味で、〝慎独〟というのは〔己れ独りを慎む〕ということ、つまり〔人が見ていないところでも、己れ自身の言動を慎む〕ということです。

また、「好色《こうしょく》」の「色《しょく》」というのは〔姿・形・色彩〕のこと。「悪臭を悪むが如く、好色を好むが如し」というのは、〔臭いにおいを嫌うが如く、美しいものを好むが如し」ということです。要するに、「己れ自身を欺かない」「己れ自身の言動を慎む」という〝誠意〟と〝慎独〟の工夫を重ねていくことが、やがては信用・信頼に結びつくということです。

第七条の考察で、〔「自分の志したことを、常に自分に誠実に、自分なりの工程を踏んで歩んでいくこと」が人間的魅力を醸成するということ。それが、凡夫が〝人物〟となるための基本的覚悟であること。その覚悟を強く意識した上で、シッカリと〝学び〟、思慮分別を重ねていくことが〝一流の人物〟となるための道である〕と述べました。つまり、この〝学ぶ〟ということが、信頼を得るためのベースとなります。

〝学ぶ〟ということは、単なる点取り虫になるのではなく、よい本をたくさん読むことです。本を読むことで心が動かされ、何らかの決意に結びつくことが多々あります。その経験を積み重ねることも、信頼に足る人となる道です。

いずれにしても、「冠位十二階」および「憲法十七条」において、〈信〉を〈義〉の上に置いた意義というものを、じっくりと味わいたいものです。

第十条　人の違うを怒らざれ
――三つの〝いかり〟と不動明王

十《じゅう》に曰《いわ》く、忿《いかり》を絶《た》ち、瞋《いかり》を棄《す》てて、人の違《たが》うを怒《いか》らざれ。人皆《みな》心有り。心各《おのおの》執《と》るところ有り。彼《か》れ是《ぜ》とすれば則《すなわ》ち我《わ》れは非《ひ》となし、我れ是《ぜ》とすれば則《すなわ》ち彼れは非《ひ》となす。我れ必ずしも聖《ひじり》に非《あら》ず。彼れ必ずしも愚《おろか》に非《あら》ず。共に是《こ》れ凡夫《ぼんぷ》のみ。是非《ぜひ》の理《ことわり》、なんぞ能《よ》く定《さだ》むべけんや。相《あ》い共に賢愚《けんぐ》なること、鐶《みみがね》の端《はし》なきが如《ごと》し。是《ここ》を以《もっ》て、彼《か》の人瞋《ひといか》ると雖《いえど》も、還《かえ》って我《わ》が失《あやまち》を恐《おそ》れよ。我れ独《ひと》り得《え》たりと雖《いえど》も、衆《しゅう》に従《したが》って同《おな》じく挙《おこな》え。

〔訳〕第十条。ムカッとする心の憤《いきどお》りや、目に角《かど》を立てた怒りを棄て、他の人が自分の意のままにならぬからといって語気を荒らげたり手を上げたりして怒ってはならぬ。人はみな、それぞれ考え方や執着するところが違っているものだ。相手が間違っていることもあれば、逆に自分が間違っていることもある。また、自分が偉いわけでもなく相手が愚かとも限らない。我らはみな未熟な凡夫なのだから、相手が怒れば自分に過ちや思い違いがあるのではないかと省みることが大切であり、仮に自分が正しくとも、他人の意見も尊重して協調しながら事に当たるのがよい。

● 「忿・瞋・怒」は〝いかりの三段階〟

仏教では、基本的な煩悩として「貪《とん》・瞋《じん》・癡《ち》」の「三毒《さんどく》」が知られており、「貪《とん》」については第五条の「饕《むさぼり》」および「欲」に仮託して、「癡《ち》」（愚癡《ぐち》・無明《むみょう》）についてはは第一条の「党（黨《とう》）」に仮託して説かれていました。そして、この第十条では「瞋《しん》」つまり〔人と人との信頼関係を損《そこ》なう〝いかり〟〕について説かれています。すなわち、冒頭の「忿を絶ち、瞋を棄てて、人の違うを怒らざれ」には「忿《ふん》・瞋《しん》・怒《ど》」といった〝三つのいかり〟が示されており、「憲法十七条」の大綱《だいこう》領《りょう》ともいうべき「和を以《もっ》て貴《たっと》しと為《な》し、忤《さから》う無きを宗《むね》と為《せ》よ」の〈和〉を損なうものとして取り上げられているわけです。

この「忿《ふん》」は〔分（いきどおる意）と心〕から成り、〔心にわきあがった〝いかり〟〕を意味します[2]。「瞋《しん》」は〔目と眞《しん》（ひっぱる意）〕から成り、〔目に角を立てて睨《にら》みつける〝いかり〟〕を意味します[2]。「怒《ど》」は〔心と奴《ど》（いきりたつ意）〕から成り、〔感情が激昂する〝いかり〟〕を意味します[2]。

最初はムカッと腹を立てる段階の「忿」、次は目をむいていかる「瞋」、それがさらに高じると怒鳴る、手を上げて叩くなど直接言動に及ぶ「怒」となり、これがそのまま〝いかりの三段階〟を示しています。

そもそも、どうして〝いかり〟をおぼえるかといえば、それは自分と相手の考えに違いがあって、相手が自分の意のままにならぬ葛藤が〝いかり〟を生みだすのでしょう。「人皆心有り。心各執るところ有り」は、理屈では皆わかっているのです。

人の顔がそれぞれ違うように、人のこころもおのおの違うことはわかっているのです。他人と己れの顔を同じにできないように、自分の思い通りに相手に押しつけることなどできるわけがないのです。

一人いれば一つの主張、二人いれば二つの主張がありますから、相手の立場や思いについて話し合い理解し合いながら物事《ものごと》を解決していく〈和〉が重要なことは、皆わかっているのです。なのに、こみ上げてくる〝いかり〟を抑えられないところが、凡夫の凡夫たる所以《ゆえん》です。

●「知識」と「教行」によって人は成長する

さて、人はみな〝凡夫〟としてこの世に生まれてきます。日本における曹洞宗の開祖とされる道元《どうげん》も、

「仏々祖々《ぶつぶつそそ》、皆本《もと》は凡夫なり」（『正法眼蔵随聞記《しょうぼうげんぞうずいもんき》』）

といっています。釈迦も達磨も聖徳太子も、生まれた時はみな凡夫であったと。

その上で道元は、前句に続いて、

「改めて知識に従い、教行《きょうぎょう》に依《よ》りしかば、皆仏祖《ぶっそ》と成りしなり」

といいます。

知識というのは〝善知識《ぜんちしき》〟といって偉い僧のこと、つまり優れた師のことです。教行というのは〝教えと行い〟のこと、つまり優れた師の教えを学んでひたすら精進（一つのことに心を打ちこんで、修行《しゅぎょう》・努力）することです。この「知識」と「教行」により、人は成長し仏祖あるいは偉人になることができると説きます。

また、道元は、

「人は練磨《れんま》によりて仁《じん》となる」

ともいっています。どんな玉であっても初めから光っているわけではありません。どんな人であっても初めから偉いわけではありません。必ず磨き、そして練り、また磨くことで玉は光り輝き、人は他人を思いやる立派な人（仁）となるのです。

この「知識に従い、教行に依り／磨き、練る」ということは、第七条で述べた〈教育を受け、自ら研鑽《けんさん》努力し、経験を積み、さらに思慮分別を重ねてこそ立派に世に役立つ人となる〉と同じです。

さらに道元は、

「わが身おろかなれば、鈍《どん》なればと卑下することなかれ」

といって我われを励ましてくれています。〔自分はアホやから、自分は鈍くさいから〕と自分を貶《おとし》めることなく、前向きに精進して生きていきたいものです。

●〝いかりの三段階〟を抑制する〝おまじないのことば〟

それにしても、「忿・瞋・怒」といった〝いかりの三段階〟を抑制することは、実はなかなかに難しいことです。幾年も修行を積んできたお坊さんでも、何らかの拍子に〝いかり〟を発することは珍しくありません。ましてや、我われ凡夫にとってはなおさらのことです。

そこで、凡夫として忿・瞋・怒を抑える〝おまじないのことば〟をいくつか考えてみましょう。

最初は、「三本指の教え」です。〝いかり〟で相手を指さして怒る時、人差《ひとさ》し指《ゆび》一本は相手に向いていますが、それよりも多い中指・薬指・小指の三本は自分に向いています。相手が悪いといって指さしますが、自分にも悪いところがひょっとしたら相手よりも多くあるかもしれないと自覚することです。「彼の人瞋《いか》ると雖も、還って我が失《あやまち》を恐れよ」は、まさにそのことを示唆しています。

二つ目は、「耳は二つで、目も二つ」です。例えば二メートルの棒は一メートルの棒に比べたら長いですが、三メートルの棒と比べたら短い。二メートルの棒そのものの長さは変わらないのに、横に並べた棒の長さ次第で短くも感じ長くも感じるわけです。

そもそも、物事には長短・是非・可否・得失など両面あるのが〝あたりまえ〟です。両面、両端、裏表《うらおもて》をみてこそ、その実体・真実がわかります。自分の考えがいずれかに偏《かたよ》っていたら、あるいは自分の意見に執着していたら、相手が正しくともそれを素直に受け容《い》れることができません。

「耳が二つあり、目も二つある」のは、物事の両面、両端、裏表を的確冷静にみるためです。ちなみに「口は一つ」です。自分の主張はほどほどにして、それ以上に相手の言い分を聴くことがやはり重要なのです。

三つ目は、「蝸牛角上《かぎゅうかくじょう》の争い」です。これは、中国古典の『荘子《そうじ》』「則陽《そくよう》」にある寓話《ぐうわ》です。蝸牛（かたつむり）の左の角《つの》の上に触氏《しょくし》の国があり、おなじ蝸牛の右の角の上に蛮氏《ばんし》の国がありました。ある時、両国が土地を争って戦争になりました。双方の戦死者は数万に達し、逃げる敵を追いかけあいながら十五日も戦ったあげく、大きな損害を被《こうむ》った両国はお互いに何も得るところなく自国に引き揚《あ》げます。

この寓話のように、対立の多くはかたつむりの角の上で喧嘩しているようなもので、俯瞰《ふかん》的《てき》にみれば実に狭量でくだらない争いが多いといえるでしょう。

四つ目は、「春風《しゅんぷう》を以《もっ》て人に接し、秋霜《しゅうそう》を以て自ら粛《つつし》む」です。つまり〈春風のような暖かさとやわらかさをもって人に接し、秋霜の厳しさと鋭さをもって自らを律していく〉という教訓です。これは、佐藤一斎《さとういっさい》の『言志四録《げんししろく》』にある名言《めいげん》です。

佐藤一斎は、江戸幕府直轄《ちょっかつ》の教育機関であった「昌平坂学問所《しょうへいざかがくもんしょ》」の塾長、今でいえば東京大学の総長のような人です。『言志四録』は、『言志録《げんしろく》』『言志後録《げんしこうろく》』『言《げん》志晩録《しばんろく》』『言志耋録《げんしてつろく》』の総称であり、西郷隆盛は全千百三十三条の中から百一条を抜粋・抄録して人生の指針としました。

「言志」というのは〈志《こころざし》を言う〉ということですが、〈志を肝に銘じて、決して忘れまいぞ」という強い覚悟が示されているように思います。

●不動明王の本体である大日如来にかえれ

私の大好きな仏像に不動明王があります。不動明王は、「忿・瞋・怒」を併せた「忿怒《ふんぬ》の形相《ぎょうそう》」をしており、右手に剣、左手に羂索《けんさく》を握りしめ、光背に炎を燃え上がらせています。剣はすべての煩悩を斬り棄て、炎はすべての煩悩を焼き尽くし、羂索は煩悩を縛り付けるとともに、煩悩に惑わされている衆生（迷っている人たち）を救い上げようとしています。

先述した「忿・瞋・怒」を抑えるおまじないのことばを唱えながら、他人に怒りを移さず、我執《がしゅう》を棄て去り、自分に過《あやま》ちがないかを謙虚に反省することが大事です。

〝いかりの三段階〟を少しでも早い段階で抑えることができるようになれば、やがて不動明王の「忿怒の形相」が、まさに不動明王の本来の姿である大日如来の「温和な相」としてみえるようになるでしょう。

第十一条　功過を明察して、賞罰必ず当てよ
——行蔵は我に存す。毀誉は他人の主張

十一《じゅういち》に曰《いわ》く、功過《こうか》を明察《めいさつ》して、賞罰《しょうばつ》必ず当《あ》てよ。日者《このごろ》、賞《しょう》は功《いさお》に在《お》いてせず。罰《ばつ》は罪《つみ》に在《お》いてせず。事《こと》を執《と》る群卿《ぐんけい》、宜《よろ》しく賞と罰とを明らかにすべし。

〔訳〕第十一条。人を賞しあるいは罰する時は、その人に功績があったか過失があったかを十分に弁《わきま》えた上で、必ず適正にタイミングよく行わねばならぬ。しかるに、功績がないのに賞を与えたり罪がないのに罰したりする不条理がみられるではないか。賞罰を執り行う者は、信賞必罰を明らかにして間違いが起こらぬようにこころせねばならぬ。

●適正な信賞必罰・論功行賞が信頼関係を深める

第十一条では、〔上下の〈信〉（信頼関係）をより強固なものにするための、あるいは組織を活性化させるための適正な信賞必罰・論功行賞〕について説かれています。「功過を明察して、賞罰必ず当てよ」にいう「功過」と「賞罰」が適正に行われていれば、〈信〉（信頼関係）は深まり、メンバー納得の信賞必罰・論功行賞であれば組織も活性化していきます。

しかし、「功過」と「賞罰」に偏《かたよ》りや矛盾があれば、そこには不平・不満・反抗、大きくは謀反・反乱が起こってきます。これが第一条「和を以《もっ》て貴《たっと》しと為《な》し、忤《さから》う無きを宗《むね》と為《せ》よ」にいう〈忤《ご》〉です。〔相手に悪いところや落度があれば、強く反省を促す〕という意味の〈忤《ご》〉を惹き起こさないように、適正に信賞必罰・論功行賞を行うこと、つまり〔〈和〉を致す〕ことが大事です。

「賞」の字は、〔貨幣の意である「貝」と、たまわるという意の「尚《しょう》」〕から成り、〔褒美《ほうび》として貨幣を賜《たまわ》る〕こと、ひいては〔ほめる〕という意味で使われます[2)]。「賞」つまり〔ほめる〕ということに関しては、一般的に「人はほめられて力を発揮する」といわれています。一所懸命やったことがほめられることで感激を覚え、自信がつき、もっと頑張ろうという積極的な意欲がわいてくるわけです。

連合艦隊司令長官であった山本五十六《やまもといそろく》のことばにも、

「やってみせ 言って聞かせて させてみて 誉《ほ》めてやらねば人は動かじ」

とあります。ここには、ほめることの重要性が改めて示唆されています。

さらに、山本五十六のことばには続きがあります。

「話し合い 耳を傾け承認し 任せてやらねば人は育たず／やっている 姿を感謝で見守って 信頼せねば人は実らず」

ここにも、〈信〉の大切さが謳《うた》われています。

●信賞必罰・論功行賞を適正に行うことの難しさ

その一方で、一所懸命に努力してそれなりの成果が出たのに、その努力が認められない時ほどガッカリすることはありません。仮に、「功績があってもほめられず、過失があっても罰せられない」となれば、普通の人は惰性に流れてやる気をなくしていくでしょうし、組織としても活性が失われて次第に沈滞ムードが漂うようになるでしょう。

繰り返しになりますが、「功過を明察して、賞罰必ず当てよ」ということ、つまり適正な信賞必罰・論功行賞を行うということが信頼関係をより強固なものにしますし、また、人や組織を活性化させるという点で非常に有意義だということです。

ところが、この信賞必罰・論功行賞を適正に行うことは、実はなかなか容易ではありません。〔手柄《てがら》のあった者に褒美を与えない／手柄のない者に賞を与える／罪なき者を罰する（冤罪《えんざい》）〕などあってはならないことですが、現実にそういったことを見聞《けんぶん》することも、また実際に身をもって体験することも少なくありません。

もちろん財源には限りがあり、その限りある財源の下《もと》では、優れた功労であっても低い評価・少ない褒賞《ほうしょう》に甘んじざるを得ない時もあります。

例えば、鎌倉時代の「元寇《げんこう》」つまり「蒙古襲来《もうこしゅうらい》」に際しては、勝利はしたものの分け与えるべき領土も賠償金もなく、戦いに動員され必死に戦った御家人たちは、幕府から恩賞をほとんどもらえませんでした。与えてやりたくても、敵から奪い取って分け与えるものがなかったのです。

時には、そういった財源不足の状況というものを受容する度量も必要になってきます。このように、信賞必罰・論功行賞を適正に行うに際しては、現実的になにかと限界もあることを承知しておく必要があります。

●賞罰はリーダーが部下を統御するために欠かせない

厳格な法の適用と信賞必罰の術を説いたのは、中国・紀元前の〝秦《しん》の始皇帝《しこうてい》〟に請《こ》われた韓非《かんぴ》です。

韓非のことばを集めた『韓非子《かんぴし》』の「飾邪《しょくじゃ》」に、

「功有る者は必ず賞し、罰有る者は必ず誅《ちゅう》す」

とあり、また「内儲説上《ないちょせつ》」に、

「必罰 威を明らかにす／信賞 能を尽くさしむ」

とあります。

さらに「二柄《にへい》」では、賞と罰について、

〔褒賞と誅罰により、臣下を思いのままに操《あやつ》ることができる／賞と罰の「二柄」は、君主が臣下を統御するのになくてはならぬものだ〕

と説いています。

この「二柄」について、さらに具体的にいえば、

〔仮に、臣下の喜ぶ褒賞のみを君主が行い、誅罰を他の側近に任せたとすると、やがて臣下は恐るべき誅罰権を握る側近のいうことに従い、褒賞するだけの君主を侮《あなど》るようになる。逆に、君主は誅罰だけを行い、褒賞を側近に任せたとすると、それはそれで恐るべき君主を避け、褒賞を求めて側近に傾くことになる。

二柄のうち一つでも側近の手に渡ったならば、君主はたちまちにしてその統制力を失うため、君主はこの二柄つまり褒賞と誅罰を行う権利をシッカリとわが手中に収めていなくてはならぬ。そして、もちろんのことだが、君主は、臣下の言動が実際に一致しているか否かを的確に見極めて、この二柄を使わなければならない〕

と説くわけです。

冒頭の「功過を明察して、賞罰必ず当てよ」は、まさにこの『韓非子』が典拠と思われます。ただ、韓非の論調があくまでも権力を維持したい君主の立場で展開されているのに比べて、この第十一条は「事を執る群卿」に向けて述べられたものでありながら、群卿の下《もと》にある百官あるいは民をも慈しむ視点で展開されていることが行間から読みとれるように思います。

●評定する者が知っておくべき四つの心得

第十一条の結論に「事を執る群卿、宜しく賞と罰とを明らかにすべし」とありますが、信賞必罰・論功行賞については〝相反する二つの立場における心得〟に注目することも大事です。一つは「評定する者の心得」で、もう一つは「評定される者の心得」です。

まず、「評定する者の心得」としては、なんといっても〈私情を挟まぬこと〉です。「愛《う》い奴じゃ、近《ちこ》う寄れ」といったことばがありますが、〝俺のいうことをよく聞くから〟とか〝かわいい奴だから〟とか〝同じ派閥だから〟といった依怙贔屓《えこひいき》で評価されてはたまったものではありません。

次に、恩賞は〈軽すぎても重すぎてもいけない〉ということです。功績に対して恩賞が軽すぎると次から真剣に取り組まなくなる可能性がありますし、逆に恩賞が重すぎるとさらに多くの恩賞を求められ、恩賞が膨らんで破綻に至ることにもなりかねません。

三つ目は、〈時を移さず、タイミングよく行う〉ことです。時宜《じぎ》を得た信賞必罰・論功行賞が、その人あるいはその組織の活性化を大いに促すことは論をまたないでしょう。

四つ目は、〈第三者からみて、評価が妥当であること〉です。世に多くの賞が授与されていますが、本当に功績のあった人が賞されず、単に長寿と肩書だけで賞されることも少なくありません。

●評定される者は他人の評価に動じないことが肝要

一方、「評定される者の心得」としては、ただひと言《こと》、〈他人の評価に動じないこと〉です。他人の批評や賞罰に拘泥《こうでい》することなく、自分に与えられた役割を誠実に果たすことです。ひたすら己れの業務に打ち込んで〝完全燃焼〟できれば、それに越したことはありません。

〈他人の評価を気にしない、他人からの批判に動じない〉ということでは、勝海舟のことばが秀逸です。勝海舟は、幕末に徳川幕府の陸軍総裁として活躍しますが、「江戸城無血開城」で幕府側の主戦論者から〝主家《しゅけ》を売る者〟として非難攻撃されます。さらに明治維新後は、新政府の参謀兼海軍卿や枢密顧問官《すうみつこもんかん》といった要職に就《つ》いたことから、福澤諭吉から「二君に仕えた幕臣」として強く非難されます。

しかし海舟には、徳川や薩摩・長州といった〝私《わたくし》〟にこだわることなく、日本を世界列強から守りぬくといった使命感がありました。

海舟は、

「行蔵《こうぞう》は我に存《そん》す、毀誉《きよ》は他人の主張、我に与《あずか》らず我に関せずと存候《ぞんじそうろう》」

〈出処進退は自分自身が決めることだ。毀誉褒貶《きよほうへん》は他人が勝手に言っていることで、私自身の与り知らぬことだ〉

といって世間の批評をバッサリと切り棄てています。実に颯爽《さっそう》としたものです。

評定される者にとって心得るべきは、海舟のように〝他人の評価や賞罰とは関係なく、己れのやるべきことをやる！〟ということです。

「世の人はわれをなにともゆ《(云)》はゞ《ば》いへ　わがなすことはわれのみぞしる」

は坂本龍馬のことばです。

「世の人はよし《善》あし《悪》ごともいはばいへ　賤《しず》が誠は神ぞ知るらん」

は吉田松陰のことばです。

第十二条　百姓より斂めとること勿れ
――日本のお国柄と「日の丸」「君が代」

十二《じゅうに》に曰《いわ》く、国司《くにのつかさ》・国造《くにのみやつこ》、百姓《ひゃくせい》より斂《おさ》めとること勿《なか》れ。国に二君《にくん》非《な》く、民に両主《りょうしゅ》無し。率土《そっと》の兆民《ちょうみん》は、王《きみ》を以《もっ》て主《しゅ》と為《な》す。任ずる所の官司《かんし》は、皆是《こ》れ王臣《おうしん》なり。何ぞ敢《あえ》て公《おおやけ》と与《とも》に百姓《ひゃくせい》より賦《おさ》め斂《と》らん。

〔訳〕第十二条。中央政府から地方に派遣された役人や、もともと地元の支配を任されていた豪族らは、勝手に民から税を取り立ててはならぬ。国に君主は一人であり、わが国のすべての民も大王《おおきみ》（天皇）を以て主としている。官職に就《つ》いている役人も、みな同じ大王の臣下であるのだから、法律で定められた正規の徴税以外に不当な搾取や労役などあってはならぬことだ。

●聖徳太子偽作説を考察する

第十二条は〈群臣の〈義〉〉、ここでは〈中間搾取の戒め〉について説かれていま す。本条の「国司《くにのつかさ》」と「中央集権的国家観」が、「憲法十七条」の「聖徳太子偽作説」〈「憲法十七条」は聖徳太子の策定ではないという説〉の根拠となっています。

つまり、〈「国司《こくし》」というものは、七〇一年制定の「大宝律令《たいほうりつりょう》」で正式に置かれたものであって、「大化改新《たいかのかいしん》」前に存在したはずはない／中央集権的国家観も、大化改新以降に起こってきたものだ〉として、「憲法十七条」が推古紀に聖徳太子により策定されたことを否定するのです5)。

しかし、〈国司《こくし》の文字や中央集権的国家観がみられるから〉といって、「聖徳太子偽作説」が成り立つわけではありません。「国司《くにのつかさ》」の始まりがいつからかはハッキリしないのですが、蘇我馬子《そがのうまこ》の父・稲目《いなめ》が屯倉《みやけ》の管理を任されていたようで、少なくとも稲目の時代には〈屯倉管理の任で派遣される者がいた〉と思われます。

また、『日本書紀』の顕宗紀《けんそうき》に「播磨国司《はりまのくにのみこともち》」、崇峻紀《すしゅんき》に「河内国司《かわちのくにのみこともち》」、孝《こう》徳紀《とくき》に「東国等国司《あずまのくにぐにのみこともち》」の記載があります。さらに、『播磨国風土記《はりまのくにふどき》』にも「御宅《みやけ》」や「国司《くにのみこともち》」といったことばが六世紀以前の記事にみられます。『善光寺縁起《ぜんこうじえんぎ》』にも〈推古天皇の時代に「信濃国司《しなののくにのみこともち》」の従者として都に赴《おもむ》いた本田善光《ほんだよしみつ》が、かつて廃仏派により「難波《なにわ》の堀江《ほりえ》」に棄てられた仏像を持ち帰ったのが、現在善光寺の御本尊となっている阿弥陀如来像である〉とされ、多くの史料で「国司《くにのみこともち》」を確認することができます。

ただ、ここにいう「国司《くにのみこともち》」が、「大宝律令」に規定された「国司《こくし》」と同じものであったかどうかは不明です。

古い史料の中には、「国司《くにのみこともち》」とは別に「国宰《くにのみこともち》」ということばも散見されます。そもそも、「みこともち」は、「みこと」つまり〈天皇の御言《みこと》＝命《みこと》〉を〈地方に持ち至ること〉であり、「国司《こくし》」の先駆をなしたと思われる「くにのみこともち」が古くから存在していたと考えられます。

さらにいえば、『日本書紀』は何度も書写されて現在に至っています。例えば、推古紀の記載が認められる最古の写本「岩崎本《いわさきぼん》」ですら十世紀から十一世紀に書写されたものであり、〈何度も書写されるうちに、「国宰《くにのみこともち》」という語句が、書写された当時に普通に呼びならわされていた「国司《くにのみこともち》」に置換されてしまったのではないか」と考えられなくもありません。

もう一点、「中央集権的国家観」についても大化改新以降に起こったものだとして「聖徳太子偽作説」を唱えています。しかし、六〇〇年の「第一次遣隋使派遣」の際に、わが国の使者は隋の「中央集権国家体制」を目《ま》のあたりにみており、その報告を聞いたわが国の執政者が、「中央集権国家・隋」を理想とする国造りを目指して内政充実を図るようになったわけですから、当然「中央集権国家」というものが意識になかったはずはありません。

「国に二君非く、民に両主無し。率土の兆民は、王を以て主と為す」は、屈辱外交に恥じ入った当時の為政者が、中央集権国家であった隋を模範とする新たな国造りを目指した意思表示であり、その理想が六四五年の「乙巳《いっし》の変」および「変」に続く「大化改新」へとつながっていくことになります。

以上の考察から、「国司《くにのつかさ》」と「中央集権的国家観」を以て「憲法十七条」を「聖徳太子偽作説」に結びつけるには、かなり無理があるように思います。

さて、「率土の兆民は、王を以て主と為す」は、日本の「国体」いわゆる「お国柄」を象徴しているように思います。そこで閑話になりますが、日本の「国旗」と「国歌」について少し触れておきたいと思います。

●「日の丸」の由来

一九九九年（平成十一年）八月に公布・施行された「国旗及び国歌に関する法律」（国旗国歌法）により、日本の国旗は「日の丸」、日本の国歌は「君が代」と正式に定められました。まず「国旗」つまり「日の丸」ですが、「国旗国歌法」では〔縦は横の三分の二、日の丸の直径は縦の五分の三、白地《しろじ》に紅色《べにいろ》〕と定められています。

これほど厳密でなくとも、「白地に赤い日の丸」といえば、日本の旗であることは世界中に認知されています。いろいろな行事や祭典で、あるいはスポーツなどの国際試合で、あるいは何かのパレードで打ち振られる「日の丸」の旗をみていると、なんとなく喜びを感じるのは私だけではないでしょう。

この「日の丸」は太陽を象《かたど》ったもので、「第二次遣隋使派遣」の折に持参した国書「日出《ひい》づる処《ところ》の天子《てんし》、書《しょ》を日没《ひぼっ》する処《ところ》の天子《てんし》に致《いた》す。恙《つつが》なきや（云々《うんぬん》）」にいう〝日出づる処〟（日の本《ひのもと》）すなわち〔日本の象徴〕であることは明らかです。

あるいはまた、幕末・明治維新の時代に欧米列強の植民地政策に抗《あらが》い、主権国家として毅然《きぜん》たる態度で独立を保った日本のシンボルでもありました。一八五三年にペリーが黒船四隻で浦賀にやってきて以来、外国船と日本の船を見分けるために〝日本《にっぽん》の総船印《そうふなじるし》〟として選ばれたのが「日の丸」でした。

翻って、わが国で日章をデザインした幢《とう》（はたぼこ）を樹《た》てたとする最古の記録は、『続日本紀《しょくにほんぎ》』「文武《もんむ》天皇五年（七〇一年）」にあり、また、『愚管抄《ぐかんしょう》』や『保元《ほうげん》物語』『平家物語』などによれば、平安末期の「源平《げんぺい》の合戦《かっせん》」の折、源氏《げんじ》・平家《へいけ》それぞれの幡《はた》（のぼり）や扇に日の丸のデザインが施されていたとあります[6]。

さらに、日の丸をハッキリと旗に用いた例としては、戦国時代後半に武田氏や上杉氏さらには伊達氏が愛用したことが伝えられています[6]。ちなみに、現存する最古の「日の丸」の旗は後醍醐《ごだいご》天皇ゆかりのものとされ、現在、奈良県五條市の「賀名生《あのう》の里 歴史民俗資料館」に保存されています。

●「君が代」は日本と日本国民の末長い繁栄を願ううた

次に「国歌」つまり「君が代」ですが、〈君が代は 千代に八千代に さざれ石の 巌となりて 苔のむすまで〉の元歌《もとうた》は千年以上も昔にさかのぼります。それは、平安時代の九〇五年に成立した『古今和歌集《こきんわかしゅう》』「賀歌《がか》」にある〈わが君は千代にましませ さゝれ石の 巌となりて 苔のむすまで〉（よみ人知らず）です。「賀歌」というのは、恋の歌ではなく、結婚式や成人式などめでたい時の歌です。

次に登場するのは、一〇一八年頃の成立とされる『和漢朗詠集《わかんろうえいしゅう》』「祝の部《いわいのぶ》」にある〈君が代は 千代にましませ さゝれ石の 巌となりて 苔のむすまで〉（よみ人知らず）で、いずれも〝よみ人知らず〟つまり〈名もなき一般庶民が詠《よ》んだ歌〉なのです。人から人へと伝わるうちに、もはやもとの作者が誰であったのかが特定できないほど、広く一般庶民の間でうたわれた〝こころのうた〟だったわけです。

「わが君」というのは〈主君（天皇）に限定されず、むしろ敬愛するあなたに対してよびかけている〉のであり、「君が代」というのも〈わが敬愛するあなたが生きていらっしゃる時よ〉という意味で、いずれの歌も〈わたしの敬愛するあなた、千年も万年もおすこやかに長生きしてください。細かい石が集まって大きな巌となり、苔が生えるさきざきまでも」ということです。

このように長寿健勝を願う〝めでたいうた〟であることから、江戸時代には浄瑠璃《じょうるり》や小唄《こうた》・長唄《ながうた》あるいは常磐津《ときわず》などとしてうたわれ、また結婚式の際にも吟《ぎん》じられるほど親しまれたことから、明治になって日本の国歌の歌詞として相応しいとされたのです。

ですから、「君が代」の君というのはなにも天皇に限定しているわけではなく、「日本および日本国民は 末長くいついつまでも栄あれ」という願いのうたなのです。

「日本国憲法」に「天皇は日本国の象徴であり、日本国民統合の象徴である」と明記されています。この条文の通り天皇は日本および日本人の象徴なのですから、「君が代」は日本を象徴する国歌として何も矛盾するものではありません。

明治から昭和にかけて活躍された国文学者・歴史学者の山田孝雄《やまだよしお》氏は、「国歌を「君が代」と定めたのは結局明治時代の日本民族全体であり／真に日本民族の精神の結晶だといわねばならぬ」と述べています[7)]。この「君が代」は、明治三十六年にドイツで開催された「世界国歌コンクール」で優勝しており、世界からも称賛された国歌であることを、私たちはもっと誇りに思ってもいいのではないでしょうか。

今、わが国では、「日の丸」と「君が代」の起源・歴史・本来の意味などを正しく知ろうともせずに反対する人がいます。その理由は、「日の丸・君が代」が「昭和の戦争のシンボルであったから」というのです。

昭和六年（一九三一年）に起こった満州事変から太平洋戦争終戦（一九四五年）まで十四年です。それは、「日の丸」「君が代」の歴史を仮に千年余としても〝千年余〟に対する〝十四年〟であり、わずか〔百分の一ほどのこと〕でしかありません。したがって、「日の丸」や「君が代」が戦意高揚に使われたからといって非難するのは、「人生一〇〇年」の時代に〔百歳の人を前にして、その人の若かりし頃の一年余りの過ちをもって、いつまでもその人の人格を全面否定しているようなもの〕であり、そのような狭量なことでいいのかと思います。

そもそも、「日の丸」の旗や「君が代」の歌詞自体に、いったい何の罪があるというのでしょうか。「日の丸」「君が代」の〝千年の歴史〟というものを偏りなく教えることが、真の公共教育のあり方であろうと思う次第です。

第十三条　同じく職掌を知れ
――職場の組織風土と人間関係

十三《じゅうさん》に曰《いわ》く、諸《もろもろ》の官に任ずる者は、同じく職掌《しょくしょう》を知れ。或《ある》いは病《や》み、或《ある》いは使《つかい》して、事を闕《か》くこと有らん。然《しか》れども、知ることを得《う》る日には、和すること曾《かつ》て識《し》れるが如《ごと》くせよ。其《そ》れ与《あずか》り聞《き》くにあらざるを以《もっ》て、公務《こうむ》を妨《さまた》ぐること勿《なか》れ。

〔訳〕第十三条。働く者特に公職にある者は、自分の職務に誠実に励む一方で、同僚の職務についてもその概要や自分の職務とのつながりを心得ておく必要がある。例えば、病気や出張による担当者不在といった不測の事態が起こっても対応できるように、普段から職場の仲間同士が和《なご》やかな心で協力しあうことが何より大切である。〝自分には関係ないことだから〟といって、公務を妨げるようなことがあってはならぬ。

●「チーム力・組織力」の大切さを説く

冒頭の「諸の官に任ずる者は、同じく職掌を知れ」および注釈にある「知ることを得る日には、和すること曾て識れるが如くせよ」は、〈公務を滞《とどこお》らせないための心構え〉つまり〈同僚・仲間同士の〈義〉〉について説かれています。いわば〝ワンチーム〟として働くことを勧めているわけです。

「憲法十七条」第七条に「人には各任《おのおの》有り、掌《つかさど》ること宜しく濫《みだり》ならざるべし」とあって、自分に課せられた任務についてはいい加減にせず誠を尽くして当たるべきだと説いていますが、本条ではさらに同僚の仕事内容にもある程度通じて、「チーム力・組織力」で対応することが求められています。少なくとも、担当者不在というだけの理由で公《おおやけ》の仕事が滞ることのないように、各自留意せよと訓戒しているわけです。

「職掌を知れ」とは、職業人であれば〈担当している職務・役目・本分を知れ〉ということです。対象をもう少し広げて、仮にあなたが学生であれば、〔学生としての本分を知れ〕ということです。

あるアンケートによれば、〔今の学生はスマホにかける時間が多く、月に一冊も本を読まない学生が約半数を占める〕といいます。〝スマホことば〟が氾濫する一方で正しい日本語が失われているわけですが、やはり学生である以上は、漫画だけではなく少しジャンルを広げて読書してほしいものです。

例えば山本周五郎の小説を読めば、そこには義理人情の世界が広がってきます。そして、相田《あいだ》みつをの詩を読めば、〝一生感動 一生青春〟の活力がみなぎってきます。そして、できれば東洋古典を読み学んでほしいと思います。なぜ、東洋古典なのか。それは、日本語の語源や慣用句の多くが『論語』などの東洋古典を典拠としているからです。

東洋古典を読み学ぶことで、正しい日本語や教養というものを身につけることができるのです。それらの読書の過程で一冊の〝座右の書〟がみつかれば、それは〝人生三分の計〟を生きる上で大きな支えになってくれます。

●協働で公務を遂行することこそが職場における〈義〉

次の「知ることを得る日には、和すること曾て識れるが如くせよ」には、二通りの立場があります。

一つは「代理・代行側の立場」です。病気や出張などでやむを得ず職場を離れた仲間の代理・代行をする立場としては、〔普段からその人の仕事内容にある程度の心得があり、何かあればその人に代わって仕事をそれなりにさばき、仕事を滞らせないようにすること〕が求められます。

もう一つは「職場離脱側の立場」です。職場を離れざるを得なかった立場からすれば、〔自分が職場を離れた間フォローしてくれた同僚から、不在時における状況や関連情報を確認して、引き続き仕事を滞らせることなく遂行すること〕が求められます。

いずれの立場であるにしても、平素から同僚と相和《あいわ》して仕事に従事し、お互いに職場を離れることがわかった時は、チームとして一致協力しあうことが大切なことだと諭《さと》します。〝偏った縄張り意識〟で知らぬ顔をしたり、責任を回避したり、傍観したりするのではなく、協働で公務を遂行することが求められています。これが、

〈職場における〈義〉〉というものです。

刑事ドラマでよく「本庁だ、所轄だ」などと縄張り争いをしている場面がありますが、現実はそうでないことを願っています。

ここで、〝協働の力〟についての閑話です。「忠臣蔵《ちゅうしんぐら》」でお馴染みの赤穂浪士四十七士が吉良邸《きらてい》に討ち入った時のことですが、その際一人で行動するのではなく必ず〔三人一組〕となって動き、斬りあう時にもできるだけ三人で一人の敵に向かったといいます。それを真似て、幕末に活躍した新選組が京都市中を見廻る時も、やはり敵に対しては〔三人一組〕でチームを組んだそうです。一人の敵に対して、正面と左右の三面から取り囲むわけですから、敵対する相手が免許皆伝《めんきょかいでん》の腕を持つようなよほどの達人でない限り、三人チームが勝つのは当然です。

逆に、剣豪・宮本武蔵が京都一乗寺下り松《いちじょうじさがりまつ》で吉岡一門と戦った時は、田んぼのあぜ道を使って斬りあいました。一説に、この時の一門は七十余人ともいいますが、相手が何十人いようとも細いあぜ道であれば、その刹那《せつな》刹那に戦う相手は常に一人ですから、そこに活路を見いだそうとしたわけです。裏を返せば、いかに個人的能力・技量が抜群の宮本武蔵といえども、チーム力には負けるということでしょう。いずれにしても、組織の中で公務に携わる場合、〈連携・協働〉は大きな力となります。

翻って、「憲法十七条」と同時期に施行された「冠位十二階」は、〈徳《とく》・仁《にん》・礼《らい》・信《しん》・義《ぎ》・智《ち》〉の爵号を〈大と小〉に分けて十二階としたものですが、「憲法十七条」と「冠位十二階」の相関性を鑑《かんが》みれば、第十三条の条文は〈それぞれの爵位にある者は、一致協力して爵位に相応した任務の遂行を図らねばならぬ。そのためにも、同じ爵位にある者同士が与えられた役割を知って、日ごろから連携・協働に努める必要がある〉ということになります。

また、「憲法十七条」の第十七条に「夫《そ》れ事《こと》は独《ひと》り断《さだ》むべからず。必ず衆《しゅう》と与《とも》に宜《よろ》しく論ずべし」とありますが、これも同じ爵位の者同士が討議して問題解決に当たるべきことを説いていると思われます。

●組織風土を貶めることばと問題意識の欠如

「其れ与り聞くにあらざるを以て、公務を妨ぐること勿れ」の「与り聞くにあらず」は、間違いなく職場の組織風土を貶《おとし》めることばです。

特に不祥事が発覚した時、「私は聞いていない／私の担当ではない／すべては部下がやったことだ／一切、記憶にない」などと言い訳するトップあるいはリーダーの姿ほど見苦しいものはありません。また、「現在担当者不在のため、詳しいことはお応えいたしかねます」というのも、失態を起こした組織広報の常套句《じょうとうく》です。

そこには、拙《つたな》い言い訳や、とにかく当面の追及から逃れようとする姿勢がありありと見受けられ、当事者の人間学的レベルの低さを思わざるを得ません。

ところで、「公務を妨ぐること勿れ」とはいっても、思いもかけぬ問題が生じて公務が妨げられることも少なくはありません。しかしながら、仕事上のトラブルの多くは「起こるべくして起こる」といっても過言《かごん》ではなく、問題勃発には必ずその兆候があるものです。

労働災害の分野でよく知られている経験則に「ハインリッヒの法則」あるいは「一対二十九対三百の法則」というものがあります。〔一つの大事故の前には二十九の軽微な事故があり、その前には三百のヒヤッとする異常がある〕ということです。

要するに、〔ヒヤッとした異常〕あるいは〔軽微な事故〕の段階で大きな事故を未然に防ぐ感知器を備えている必要があるわけです。問題発見が早ければ早いだけ問題解決が容易となるのは、病気の「早期発見・早期治療」が重要なことと同じです。時機を逃さずに治療・介入することが大切になります。（第十七条参照）

●大事を未然に防ぎ〝鼓腹撃壌《こふくげきじょう》〟するような状況を保つ

現在は、職務自体が非常に細分化・専門化するとともに、一部では会社に出勤せずとも仕事をこなせるケースもあります。とはいえ、お互いの業務には密接な関連がありますから、職場の情報交換を図るとともに、一段高い目線で組織全体および同僚や部下の職務の位置づけを把握しておくことも望まれます。

たった一人にすべてを任していると、その人が抜けた穴を埋められなくなりますから、そうならないように日頃からリスク管理を行っておくことが、特に管理職の責務でもあります。

そもそも〝任せる〟ということは、放り投げて顧みないことではなく、適時適切なフォローがなくてはなりませんし、長たる者には最終的な責任が伴います。「私は聞いてはおらぬ」などと責任を回避あるいは転嫁したり、いつのまにやら論点をすり替えたりすることが企業のトップや政治家などにみられますが、このような〝小人《しょうじん》〟が地位を得ている組織では往々にして無責任精神がはびこることになり、そこに組織の不幸があります。

識見の高い〝できた人物〟が責任者の任にある時は、そもそも小事に大事を慮《おもんぱか》って早めに対応することから、大事に至ることが比較的少なく何ごとも平々凡々に進んでいくようにみえます。大事を未然に防ぎ、表面的には何ごともなく、社員も民も〝鼓腹撃壌《こふくげきじょう》〟するという、そのような状況を保つのが本来の理想的なトップ・管理職の任務です。

トラブルに果敢にぶつかっていくことも〝エライこと〟ですが、トラブルを未然に防ぐ配慮により事なきを得るがごとく、平々凡々かつスムースに物事を運ぶことこそが本当に〝偉いこと〟だろうと思います。

第十四条　嫉妬有ることなかれ
――嫉妬を棄て去る工夫

十四《じゅうし》に曰《いわ》く、群臣百寮《ぐんしんひゃくりょう》、嫉妬《しっと》有ることなかれ。我《わ》れ既《すで》に人を嫉《にく》めば、人亦《また》我れを嫉《にく》む。嫉妬《しっと》の患《うれい》其《そ》の極《きわまり》を知らず。所以《ゆえ》に、智己《おの》れに勝《すぐ》れば則《すなわ》ち悦《よろこ》ばず、才己《おの》れに優《まさ》れば則《すなわ》ち嫉《にく》み妬《ねた》む。是《ここ》を以《もっ》て、五百《いほ》の乃今《いましいま》、賢《さかしきひと》に遇《あ》わしむとも、千《せん》載《ざい》にして以《もっ》て一聖《いっせい》を待つこと難《かた》し。其《そ》れ賢聖《けんせい》を得《え》ずんば、何を以《もっ》てか国を治めん。

〔訳〕第十四条。いかなる人であっても、人を嫉《にく》んだり妬《ねた》んだりしてはならぬ。自分が相手を嫉めば相手もまた自分を嫉み、嫉妬による反目の連鎖には際限がない。人が自分より叡智《えいち》にあふれていれば面白くなく、才能が自分より豊かであればまた嫉み妬む。優れた叡智や才能を持つ人に嫉妬して足を引っ張るようなことでは、五百年に一人といわれるような賢者にたまたま出あえたとしても、千年に一人といわれるような智徳の優れた人物の登場を待つことは難しい。いずれにしろ、聖人賢者といわれるような優れた人物を得なければ、立派な事業や国政はできないのである。

●嫉妬が歴史を動かす

「冠位十二階」の爵号は、〈徳《とく》・仁《にん》・礼《らい》・信《しん》・義《ぎ》〉に続いて〈智《ち》〉となっています。本条文の注釈の中に、まさに〈智〉ということばがあり、この第十四条から第十七条は〈〈智〉を致すこと〉に関わる条文となっています。本条は、煩悩の一つである嫉妬に注目したものですが、その心底には「賢哲待望論」、ひいては〈他人にやきもちを焼く暇があれば、己れの人間性を磨いて、自ら国・組織を動かす賢哲となれ〉という前向きな願いが込められていると思います。

「嫉妬」の「嫉《しつ》」は「にくむ」また「ねたむ」と訓《よ》み、〈女の人が、激しく人をねたむ〕意味です[2]。また、「妬《と》」は〔ねたむ〕と訓み、〔女の人が、例えば夫と他の女との間をねたむ〕意味です[2]。どちらの字も部首は女偏で、いかにも女の性《さが》を卑しむ感じですが、男の嫉妬もみられたものではありません。

むしろ、昔から戦乱や権力争いに明け暮れた男の嫉妬の方が、歴史に与えた影響は大きかったといえるでしょう。歴史上、嫉妬の犠牲となった者は数知れず、「嫉妬が歴史を動かす」ともいわれるほどです。

「嫉妬」には、二種類あります。一つは、〔自分が心引かれる人の愛情が他の人に向くのをにくみ、ねたむこと〕で、やきもちや敵愾心《てきがいしん》といったマイナス感情として前面に出てきます。もう一つは、〔自分より優れている人や恵まれている人をうらやみ、ねたむこと〕で、もちろんマイナス感情が含まれることもあるのですが、中には羨望《せんぼう》感情を〔自分も頑張ろう〕といった向上心（プラス感情）に昇華させることができる人もいます。

第十四条にいう嫉妬は、「智己れに勝れば則ち悦ばず、才己れに優れば則ち嫉み妬む」ということですから、才智がらみの嫉妬について述べています。この才智がらみの嫉妬については、〔天才的な才智に対する嫉妬〕と〔大した才智もないのに成功していることに対する嫉妬〕があり、後者の嫉妬が生む負のエネルギーにはより一層凄《すさ》まじいものがあります。

●天才的な才智に対する嫉妬の犠牲になった菅原道真

〔天才的な才智に対する嫉妬〕の犠牲となった代表的人物の一人は、菅原道真《すがわらのみちざね》でしょう。父祖三代学問の家に生まれた道真は幼少の頃から俊才の誉《ほま》れ高く、文章博士《もんじょうはかせ》を務めた後に讃岐守《さぬきのかみ》（今の香川県知事）に任命されます。

その頃から、藤原氏に偏った権勢を快く思わぬ宇多《うだ》天皇に厚く信任され、讃岐守の任期終了後は蔵人頭《くろうどのとう》（天皇の秘書）、ついで参議となり、中納言・大納言を経て、最終的には正三位《しょうさんみ》・右大臣に抜擢されます。その時の左大臣は、藤原北家《ふじわらほっけ》・関白基経《もとつね》の嫡子《ちゃくし》であった藤原時平《ふじわらのときひら》です。

九〇一年（昌泰《しょうたい》四年）、道真は突如、大宰権帥《だざいごんのそち》（大宰府長官代理）として左遷されます。左遷の理由は、「宇多天皇に媚び諂《へつら》って御意《ぎょい》を惑わしている」「道真に謀反《むほん》の動きあり」といった、道真に嫉妬する時平の讒言《ざんげん》によるものでした。この際に、道真に替わって右大臣に就《つ》いたのは時平に協力した源光《みなもとのひかる》でした。

道真が京都の邸《やしき》を去る時に詠《よ》んだ歌、

「東風《こち》吹かば にほひおこせよ 梅の花 主《あるじ》なしとて 春な忘れそ」

は、多くの人の涙を誘います。

大宰府にあって鬱々《うつうつ》とした日々を送らざるを得なかった道真は、悲運に涙しながら二年後に流謫《るたく》地大宰府で亡くなります。五十九歳でした。

その後間もなく、時平は三十九歳の若さで亡くなり、源光も狩猟中に事故死するなど次々と不吉《ふきつ》な出来事が起こります。さらに、内裏《だいり》・清涼殿《せいりょうでん》に落雷して道真の左遷に関与した要人《ようじん》に多くの死傷者が出た上、ショックのあまり寝込んだ醍醐《だいご》天皇も譲位後七日目に四十六歳で崩御されます。

道真の怨霊《おんりょう》を信じた人びとは、その後道真を正二位《しょうにい》・右大臣に復し、正一位《しょういちい》・左大臣さらには太政大臣を贈り、火雷天神《からいてんじん》が祀《まつ》られていた京都北野に「北野天満宮」を、左遷先の大宰府に「太宰府天満宮」を建立します。日本の歴史の中で、藤原時平や源光はほぼ忘れられていますが、菅原道真を祀る「天満宮」は〝学問の神様〟あるいは〝受験の神様〟として今も広く篤く信仰されています。

●凡庸ながら権勢を独占して嫉妬を招いた平家一門

一方、〔大した才智もないのに成功していることに対する嫉妬〕の代表例の一つは平家《へいけ》一門に対する嫉妬でしょう。

「保元《ほうげん》の乱」（一一五六年）および「平治《へいじ》の乱」（一一五九年）に勝利した平清盛《たいらのきよもり》は、政治的能力を発揮して武士が朝廷を支配する力をつけ、自ら権力の頂点を目指すとともに、一門にも昇進の道をつけていきます。

その突出した権勢を独占した平家一門にあって、清盛の妻・時子《ときこ》および後白河《ごしらかわ》天皇の妃《きさき》・建礼門院滋子《けんれいもんいんしげこ》の二人の兄にあたる平時忠《たいらのときただ》は、「此《こ》の一門にあらざらむ人はみな人非人《にんぴにん》なるべし」と豪語します。「平家に非《あら》ずんば人に非ず」ともいわれましたが、一方では昇進した平家一門にも〝その任に非ず〟という人は多くいたのです。

これに嫉妬したのが源氏《げんじ》であり、やがて朝廷も庶民も平家一門の権勢に非を唱えるようになります。そして、清盛の嫡男・重盛《しげもり》の亡き後、平家の権勢は次第に衰え、源義経《みなもとのよしつね》の活躍もあって「壇ノ浦《だんのうら》の戦い」（一一八五年）で平家は源氏に滅ぼされます。壇ノ浦で生け捕りとなった時忠は京都に護送され、その後能登に流されて

〝人非人〟として没することになります。

●「相対的自己」を嘆かず、「絶対的自己」を確立する

「嫉妬が歴史を動かす」と改まっていうまでもなく、いつの世も人間界に嫉妬の感情は溢れています。地位や財産や才智に嫉妬する人もいれば、地位や財産や才智があっても健康や自由に嫉妬する人もいます。人の多くは自分に足りないものに嫉妬する傾向が強いのですが、他人の美貌《びぼう》を羨《うらや》み、才智を嫉《にく》み、成功を妬《ねた》むような嫉妬心からは歪《ゆが》んだ敗北感しか生まれません。

しかし、それは実にくだらないことです。なぜなら、他人の美貌や才智や成功などは、自分自身の生《い》き様《ざま》とはなんの関係もないことだからです。他人と比較した「相対的自己」を嘆くよりも、己れ自身がいかにあるかといった「絶対的自己」を確立することがなにより大事です。

ちなみに〈才〉という字ですが、第一画の「一」は〔地〕を、第二画の「｜《こん》」は〔伸びだした植物の茎〕を、第三画の「ノ」は〔枝葉《しよう》が伸びようとしながらも、まだ出ずに地下にある状態〕を示します。したがって、〈才〉の本義は〔草木《そうもく》の芽生《めば》

えの初め〕であり、枝葉となるものを蔵しているところから、転じて〔素質・能力〕といった意味になります[8]。

また、〔川が塞《ふさ》がるほどに土砂《どしゃ》がたまる〕ことから、「才能」を意味するという説明もあります[2]。

その反面、〈才〉は〔地面から草木がわずかに目を出すさま〕ととらえて「わずかに」とも訓《よ》むことから、〔チョット頭を出しただけの才能〕と理解することもできます。また、〔土砂がたまって川が塞がる〕ということは〔才が過ぎると、塞がってしまう〕ことにも通じ、〔才におぼれたら、身を誤る〕という意味に理解することもできます。

要するに、チョット頭を出しただけの〈才〉というのは、〔嫉妬するほどの大事ではない、嫉妬の原因としてはつまらないものだ〕ということです。

●立志・立命が嫉妬と無縁の〝人物〟をつくる

この嫉妬心を抑制あるいは棄て去る工夫は、自ら志《こころざし》を立てる（立命する）ことです。天が自分をこの世に遣《つか》わした以上、自分には天から与えられた使命・役割があるはずですから、与えられた命《めい》を知って、実際に学び行動することです。

この命を知ることを「知命」といいます。己れに与えられた命を知り、移りゆく運命・環境の中で立志・立命してゆく。この「知命と立命の学」あるいは「運命と立命の学」は安岡正篤《やすおかまさひろ》師がうちたてた教学で、まさに我われ凡夫にとって大いなる妙音《みょうおん》といえるでしょう。

しっかりした目標・志ができれば、つまらない嫉妬に執着している虚《むな》しさあるいはバカらしさを超越することができます。この嫉妬心をいかにプラス思考で向上心に昇華できるか、そこから人としての品格（人格）が生まれてきます。

他人の美貌・才智・成功はこちらでコントロールできるものではありません。できることなら、他人の美貌を愛《め》で、才智を褒《ほ》め、成功を讃《たた》える藹然《あいぜん》とした心を養いたいものです。己れの命を知って立志・立命し、嫉妬とは無縁の優れた〝人物〟となってこそ、「其れ賢聖を得ずんば、何を以てか国を治めん」に応えられる賢人・哲人に近づくことができましょう。

第十五条　私に背きて公に向う

――「大志」と「野心」の違い

十五《じゅうご》に曰《いわ》く、私《わたくし》に背《そむ》きて公《おおやけ》に向《むか》うは、是《こ》れ臣の道なり。凡《およ》そ人、私《わたくし》有れば必ず恨《うらみ》あり。憾《うらみ》有れば必ず同《どう》ぜず。同《どう》ぜざれば則《すなわ》ち私《わたくし》を以《もっ》て公《おおやけ》を妨《さまた》ぐ。憾《うらみ》起これば則《すなわ》ち制に違《たが》い、法を害《そこな》う。故《ゆえ》に初章《しょしょう》に云《い》う、上下《かみしも》和諧《わかい》せよと。其《そ》れ亦是《またこ》の情《こころ》なるか。

〔訳〕第十五条。社会生活において、私事《わたくしごと》を後まわしにして公事《おおやけごと》を優先するのは、社会の一員として当然のことである。いつも自分のことを優先させるようでは必ず周囲の人から恨《うら》まれ嫌われるようになるだろうし、不和が生じて皆と協調できなければ公務の円滑な遂行を妨げることにもなる。しかも、他人を恨み憎む心をいつまでも持ち続けるようでは、やがて社会的な問題を引き起こし、法に背《そむ》くような事態に陥ることにもなりかねない。第一条に「上下《かみしも》ともに相和《あいわ》し協調するように」と提唱したのは、まさに長たる者も配下の者も、公《おおやけ》と私《わたくし》をよく弁《わきま》えた上で協調して公務を遂行せよとの思いからである。

●公と私の優先順位を間違えてはいけない

第十五条では、〈公《おおやけ》と私《わたくし》をよく弁《わきま》えて、その折々《おりおり》の優先順位を間違えないように〈智〉を致せ〉と説かれています。「私《わたくし》」というのは、ここでは〈自分の立場や利益を真っ先に優先する私心・私利・私欲・私情〉といったものです。

「私に背きて公に向うは、是れ臣の道なり」は、ざっくばらんにいえば〈余程のことがない限り、自分のことより与えられた仕事を優先するのが、職業人としては当然のことである〉ということです。

初句の「背私向公《はいしこうこう》」〈私に背きて公に向う〉と似た熟語に「滅私奉公《めっしほうこう》」がありま

す。自由を束縛され低賃金で朝となく夜となく長時間労働を強いられた滅私奉公として、女工哀史《じょこうあいし》で知られる〝女工さん〟や商家《しょうか》住み込みで年季奉公《ねんきぼうこう》に明け暮れた〝丁稚《でっち》どん〟の姿が浮かびます。

「滅私」とは〈自分を犠牲にする〉という意味ですが、本条にいう「背《はい》」という字からは、〈自分を犠牲にするほどのことはないが……〉というニュアンスが読みとれます。つまり、本条で「背私」を用いている背景には、〈如何《いかん》せん、凡夫というものはなかなか私心・私情というものを棄てきれるものではない〉という洞察がうかがえます。

ひいて、「背私向公」というのは、〈私事《わたくしごと》はもちろん大事なことで、そちらを優先したい気持ちもわからないではないが、いざという時はあえて「私《わたくし》」を二の次にして、公義《こうぎ》（社会）のために働こうではないか〉ということ、つまり、人の本《ほん》性《しょう》を理解し包容した上での公義優先を説いているわけです。

また、この「公に向う」という文言《もんごん》には、多少なりとも〝世のため・人のために〟という心意気あるいは志《こころざし》といった意向が含まれています。この「志」と似《に》て非《ひ》なるものに「野心《やしん》」があります。「志」も「野心」も世に思いを馳《は》せることに変わりはありませんが、しかし、「野心」と「志」とは大きく違います。

「志」とは、今述べたように、大小にかかわらずそれが公に向いているか、世のため・人のためになっているかにかかってきます。その「志」が「公事《おおやけごと》」に大きく近づくほど、その「志」は「大志《たいし》」となります。

一方、「野心」というのは、ただ己れの「欲」に生きているだけのことです。「これが「大志」と「野心」の違いであり、「私に背きて公に向う〔背私向公〕」という大義《たいぎ》、あるいは大志《たいし》に向けて〈智〉を致すことを、この第十五条は立腰《りつよう》して〔姿勢を正して〕説いています。

●〝うらみの転化〟は最悪の事態を招く

「私有れば必ず恨あり。憾有れば必ず同ぜず」の「恨《こん》」と「憾《かん》」は、ともに「うらみ」と訓《よ》みます。この「恨《こん》」には、〔自らの欲する通りにならないで、不本意なこと〕という意味合いがあり[3]、「憾《かん》」には〔他人から憂傷《ゆうしょう》を受けて〔悩まされ傷つけられて〕、〔その人を〕うらむ〕という意味合いがあります[3]。

例えば、〔自らの貧乏や不幸をうらむのは「恨」であり、〔自分が不幸になったのは、あいつのせいだと他人をうらむのが、「憾」です。また、〔〝ある人〟からうらまれた人が、逆にまた〝ある人〟をうらみかえす〕というのも、「憾」です。つまり、〔主体に生じるうらみ〕が「恨」であり、〔客体が対象となるうらみ〕が「憾」だということです。

第十四条に「我《わ》れ既《すで》に人を嫉《にく》めば、人亦《また》我れを嫉《にく》む」とありましたが、同様に「我れ既に人を憾《うら》めば、人亦《また》我れを憾《うら》む」ということになります。要するに、己れの私利・私欲が儘《まま》ならぬ時に「恨」が己れの心に起こり、その「恨」の原因があいつのせいだと転嫁《てんか》した途端に、〝己れに生じた恨〟は〝相手に向けた憾〟に転化《てんか》することになります。

そして「憾」が人に及べば不和を生じ、その不和がやがては制度を害し、また法を犯すような社会的問題を惹き起こすまでになります。それが「憾起これば則ち制に違い、法を害う」ということです。

そのような、〝うらみの転化〟による最悪の事態を招かないように、人は「恨《こん》」や「憾《かん》」を抱くことなく、また「私《わたくし》」を抑えられる度量を磨くことが大事なのです。

●「私」を去るために古今の書を読んで人間学を学ぶ

その「私」を去るためには、古今《ここん》の善知識《ぜんちしき》に接して「人間学を学ぶ」ことがカギとなります。その学問の基本となるのは、迂遠《うえん》なようですが、やはり古今の書を読んで〝篤《あつ》く人間を考える〟しかありません。

読書については、中国・北宋の黄山谷《こうさんこく》のことばに、

「士大夫三日《したいふみっか》書を読まざれば則《すなわ》ち理義《りぎ》胸中《きょうちゅう》に交《まじ》はらず。便《すなわ》ち覚《おぼ》ゆ、面目《めんもく》憎むべく、語言《ごげん》味《あじわい》なきを」

という名言があります。「理《り》」とはものの道理や事物《じぶつ》の法則であり、「義」とは利欲にひかれないでものごとの筋道《すじみち》を立てる心、つまり〝人の道〟といったものです。また、ここにいう「書」とは、いわゆる儒教の「経書《けいしょ》」（経典《けいてん》）、仏教の「経書《きょうしょ》」（経典《きょうてん》）も含め、広く琴線《きんせん》に触れるような書物ということです。

現代的に換言すれば、人格者たろうとする者は、人生というものを深く真剣に考えさせてくれるようなしっかりした書を三日も読まなければ、「私《わたくし》」つまり私利私欲に流れるばかりでものの道理や法則あるいは筋道がいかなるものかを思考することが乏しくなり、その結果はその人の言貌《げんぼう》に表れるということです。つまり、面相

は貧弱となり、話す内容もつまらなくなります。

実際、本を読まない人の話は浅くて奥がないから、味わいがなくて面白くないものです。人は年齢を重ねるにつれてそれまでの生き様《いざま》が面貌・風貌に表れるもので、壮年ともなれば己れの貌《かお》に責任を持たねばならぬわけです。

米国の大統領であったリンカーンが、ある人を閣僚に推挙された時に「あの人の顔が気に入らない」といって断ったといいます。その際「顔は生まれつきのものだからしょうがないではないか。たかが顔ぐらいで人を評価するな」という相手に対して、リンカーンは即座に「四十歳を過ぎたら、自分の顔に責任をもたなければならない」と強く言い返したそうです。

●学問は私利私欲や立身出世のためのものではない

もう一点留意すべきは、〔人は、何のために学ぶのか〕ということです。そのことについて、最も簡潔にして言い得て妙なる成句として、

「君子《くんし》の学は、通《つう》ずるが為に非《あら》ざるなり。窮《きゅう》して而《しか》も困《くる》しまず、憂《うれ》ひて而も意《い》衰《おとろ》へず、禍福終始《かふくしゅうし》を知りて心惑《こころまど》はざるが為なり」（『荀子《じゅんし》』「宥坐《ゆうざ》篇第二十八」）

があります。わかりやすくいえば、

〔君子の学問というものは、立身出世のためにするものではない。それは、いかに経済的・物質的に困窮しても、それを苦しみとすることなく、悲しみや心配事があっても意気が衰えることなく、禍福・終始のいかなるものかを知って、少しも心に迷いを生じないようにするためのものである〕

ということです。要するに、学問というものは、それを、わが人生に活《い》かすなり社会に活用してこそ歓迎されるものであって、私利私欲や立身出世のためにするものではないということです。

しかしながら、現代の風潮は、目先の利得のために手っ取り早く情報・結果を得ようとするきらいがあります。一時《いっとき》の間に合わせのような姑息《こそく》な勉強というものは、とても〝学問〟といえるものではなく、〝単なる技術・単なる知識〟にすぎません。これは、本条のテーマである〈智〉（叡智）と、〝単なる知識〟である〈知〉との違いともいえます。

結局、「人間学を学ぶ」ことなく、お粗末な学問あるいは単なる技術や知識に満足するばかりの〝小才《こさい》の利《き》く人間〟が、私利私欲にとりつかれて大事件を惹き起こすことが多いように思います。否《いな》、最近は大事件というよりも姑息なくだらない事件が多くなり、それだけ〝小人《しょうじん》〟が多くなったということでしょう。

いずれにしても、「私有れば必ず恨あり。憾有れば必ず同ぜず」ということですから〝己れに生じる恨《うらみ》〟および〝相手に向けた憾《うらみ》〟を去るためにも、「背私向公」に〔〈智〉を致す〕ことが重要です。

この「背私向公」つまり〔「私《わたくし》」のことは後にして相手（社会）の幸せを先に〕という考え方・思いは、まさに「憲法十七条」のテーマである〔〈和〉つまり〝共《とも》生《い》き〟〕に通じていることは、改めて強調するまでもないでしょう。

第十六条　民を使うに時を以てする
——日本的労働の原点と〝けいめい〟

十六《じゅうろく》に曰《いわ》く、民《たみ》を使《つか》うに時《とき》を以《もっ》てするは、古《いにしえ》の良き典《のり》なり。故《もと》より冬の月は間《いとま》有り、以《もっ》て民を使うべし。春より秋に至るは、農桑《のうそう》の節《とき》なり。民を使うべからず。其《そ》れ農《のう》せずんば何をか食《くら》い、桑《そう》せずんば何をか服《き》ん。

〔訳〕第十六条。民を使役する場合、使役する時期をよく弁《わきま》えることが昔からの良い教えである。いうまでもなく、冬の間は農閑期で少しは時間的余裕がある時期だから、民を使役することができる。しかし、春より秋に至るまでは農耕や養蚕《ようさん》の忙しい時期であって、この時期は民を使役することはできない。この時期に民を徴集・使役するようなことがあっては、民は農耕にも養蚕にも勤《いそ》しむことができず、食べるものも着るものも得られなくなってしまうではないか。

●人を使う時や他人に何かを依頼する時の重要ポイント

第十六条は、〈民を使役する際には、使役する時期というものに十分配慮せよ〉ということで、本条も〈智〉を致すことの各論として説かれています。

「民を使うに時を以てするは、古の良き典なり」の「古《いにしえ》の典《のり》」に該当するのは、『論語』「一5」と『漢書《かんじょ》』「五行志上《ごぎょうし》」でしょう。

『論語』には、

「用《よう》を節《せっ》して人を愛し、民を使うに時を以てす」

〈経費を節約して人民を愛し、民の使役についてはしかるべき時に行わねばならない〉

とあり、『漢書』には、

「民を使うに時を以てし、務《つと》めて農桑《のうそう》を勧《すす》むるに在《あ》り」

とあります。後者では具体的に〝農桑〟に言及していることから、「憲法十七条」の典拠としては『漢書』によるところが大きいかと思われます。

いずれにしろ、人を使う時や他人に何かを依頼する時は、相手が受け入れてくれる状況にあるかどうかが重要なポイントです。どんなに優れた方策であっても、それが相手の人に受け入れられ実行されなければ成果は生まれないでしょうから、相手が受け入れてくれるような状況を演出することも人を動かす一つの要因となってきます。

ちなみに、個人的なサラリーマン経験則からいって、仕事を依頼する時に相手の状況を配慮することはもちろんですが、この時、チョット忙しい人に依頼した方が案外早く片付くことが多い傾向にあります。それは、忙しいがゆえにテキパキと要領よく仕事をこなす能力・習慣があるからです。常日頃《つねひごろ》ダラダラしている人ほど仕事は遅れ、内容的にも乏しい傾向にあります。

ところで、「民を使うに時を以てす」の「時」というのは、なにも季節ばかりをいうわけではありません。例えば、〝その時〟を「信頼が得られた時」とする考え方が『論語』「十九10」にあります。

「君子は、信ぜられて而《しか》る後に其《そ》の民を労す。未だ信ぜられざれば、則《すなわ》ち以て己れを厲《や》ましむ」

「厲む」とは〔苦しめる／なやます〕という意味です[2)]。つまり、上に立つ者〔長たる者〕は、まず配下の者（あるいは民）に信用・信頼されることが大事であり、民や部下の信用・信頼を得てこそ、それが大変な労役であってもうらまれることはないというわけです。

裏を返せば、民や部下から信用も信頼もされていないのに労役を命じたならば、民や部下は労役に服させた上司をうらむことにもなります。やがては誰も上司のいうことをきかなくなり、思うような成果が得られないということにもなりましょう。

●〝働くこと〟は「善」であり、国家存立の基盤である

次に、「春より秋に至るは、農桑の節なり／農せずんば何をか食い、桑せずんば何をか服ん」とあります。「農桑」つまり農耕・養蚕は日本的労働の原点です。

『日本書紀』「継体《けいたい》天皇元年三月九日」に、

〔帝王が自ら田を耕して農業を勧め、后妃《こうひ》が自ら養蚕をして蚕《かいこ》に桑《くわ》を与える時期を

誤らないように勉《つと》められる。ましてや百官から万民に至るまで農耕や紡績を棄てては、国が富み栄えることなどあろうか。役人たちは広く天下に告げて、私の懐《おも》うところを人民に識《し》らせるように」

と詔《みことのり》されたとあります9)。継体天皇の即位は西暦五〇七年とされ、それ以降、農耕および養蚕は日本的労働の原点とされてきたわけです。農桑により衣・食がまかなわれ、その余力《よりょく》が住などにも及ぶことから、農耕・養蚕に象徴される労働はわが国存立の基盤だったわけです。

したがって、わが国において〝働くこと〟は「善」であり、皇室が率先して農桑をはじめとする労働を推奨するとともに、その無事を天神地祇《てんじんちぎ》に祈ってこられました。現代でも、皇室において、天皇陛下は春に米の苗を植え、秋には稲の刈り取りをされますし、皇后陛下は養蚕を自ら行われています。

天皇が新穀《しんこく》（初穂《はつほ》）を天神地祇に供えてその恩恵を感謝し、自らもこれを食《しょく》する祭事を「新嘗祭《にいなめさい》」（「しんじょうさい／にいなえのまつり」とも）といいます。昔は陰暦十一月下旬の卯《う》の日に行われたそうですが、明治以降は陽暦十一月二十三日に固定され、現在は「勤労感謝の日」として国民の祝日となっています。

ちなみに、天皇が即位後初めて行われる一世一度の新嘗祭を「大嘗祭《だいじょうさい》」（「おおなめまつり／おおにえのまつり」とも）といいます。即位式が七月以前なら年内に、八月以降なら翌年に行われます。新嘗祭《にいなめさい》の起源は、『日本書紀』「皇極《こうぎょく》天皇元年十一月十六日」に「天皇は新嘗祭《にいなえのまつり》を行われた。この日、皇子《みこ》・大臣《おおおみ》もそれぞれ自ら新嘗《にいなえ》の行事《ぎょうじ》を行った」とありますが、当時は新嘗祭《にいなえのまつり》と大嘗祭《おおにえのまつり》の区別はなく、即位と結びついた〝践祚大嘗祭《せんそだいじょうさい》〟が行われるようになったのは天武《てんむ》朝あるいは持統《じとう》朝以降のようです。

●労働観の違いが生んだ日本の〝社員ファースト〟と欧米の〝株主ファースト〟

こういったわが国の労働観とキリスト教文化圏の労働観は少し違うように思います。

キリスト教やユダヤ教の聖典である『旧約聖書』「創世記」にアダムとイブの章があります。天国のような美しい楽園《らくえん》「エデンの園《その》」に住むアダムとイブは、ある時、悪魔の化身《けしん》である蛇にそそのかされて、神から食べることを禁じられていた善悪知識の実を食べてしまいます。その〝罰《ばつ》（原罪《げんざい》）〟として、アダムには死ぬまで額に汗して土を耕す苦しみを、イブには産みの苦しみを与えます。

つまり、〝労働は神から与えられた罰〟という考え方ですから、キリスト教文化圏の下《もと》では長い間農耕を中心とした労働の多くは奴僕《どぼく》あるいは奴婢《ぬひ》にさせてきました。

このような労働観の違いは、企業経営における基本的姿勢の違いとして表れています。「善」を基底とするわが国の労働観の下《もと》では、農桑をはじめ〝共に働き、共に生きる〟といった〝共生《ともい》き〟の精神を大事にしてきました。現在は否定されることの多くなった終身雇用や家庭的職場風土は〝社員ファースト〟であったといっていいでしょう。

一方、「罰」を基底とする欧米の労働観の下では、利益優先で効率化を求める〝株主ファースト〟が何よりも追求されてきました。ただ、近年、日本でも〝株主ファースト〟が強調されるようになり、時には〝社員ファースト〟どころかブラック化した会社・商店が社会問題になっています。

●仕事を通じて、世間におかえしをする

「民を使うに時を以てす／春より秋に至るは、農桑の節なり。民を使うべからず」は、わが国の〝為政者の心得《こころえ》〟を説くとともに、農耕や養蚕に勤《いそ》しむ農民への慈愛の念《おもい》がこもっており、現代の企業における〝社員を大切にする心得〟に通じています。

ところで、「経営《けいえい》」ということばですが、通常は「けいえい」と訓《よ》み慣《なら》わされており、「けいめい」という訓み方はあまり知られていません。この「けいめい」の意味は、〔こころを籠《こ》めて世話をやくこと〕であり、〔ご馳走《ちそう》すること〕です[2]。経営資源を有効に活用して利益をあげることが経営《けいえい》ですが、経営の根底に真《しん》に必要なのは「けいめい」のこころ、すなわち「理想・志《こころざし》・誠のこころ・和」であることを、経営《けいえい》に携わる者は十分に心得ておきたいものです。

「わが国の労働観」および「〝けいめい〟の訓み方」を踏まえて改めて思うことは、「経営《けいえい》の理念は、利益の社会的還元にある」ということです。これを、労働者一人びとりの立場からいえば、「己れの仕事を通じて、世間におかえしをする」ということになります。いってみれば、「人生とは、おかえしをしていくこと」といえるかもしれません。だからこそ、人は、与えられた役割分担を全うするために一所懸命努力することが大切なのです。

●〝いま、この時〟を一所懸命に生きる

「与えられた役割分担を一所懸命に果たす」「働く」ということに関して、「本来自分がしたいことは別にあるから」とか「本当に自分のしたいことがよくわからない」といいながら、中途半端な気持ちで日々の仕事に従事している人が少なくありません。

しかし、目の前の仕事をいい加減にして夢ばかり追っているのは、単なる〝夢想・空想〟の中に浮遊しているだけで、何もせずにボーッと生きているのと変わりません。ここで心機一転して、〝いま、この時〟と誠実に向き合わなければなりません。いま与えられている目の前の仕事に一所懸命取り組むことで、次にすべきもの、そして本当にしたいことがみえてきます。

〝いま、この時〟を一所懸命に生きることが、人生における次の舞台へと飛躍する契機となる。それを認識することも、一つの〈智〉です。

第十七条　衆と与に宜しく論ずべし

――〝独断専行〟と〝兼聴独断〟

十七《じゅうしち》に曰《いわ》く、夫《そ》れ事《こと》は独《ひと》り断《さだ》むべからず。必ず衆《しゅう》と与《とも》に宜《よろ》しく論《ろん》ずべし。少事《しょうじ》は是《こ》れ軽《かろ》し、必ずしも衆《しゅう》とすべからず。唯大事《ただだいじ》を論ずるに逮《およ》びては、若《も》し失《あやまち》有らんことを疑う。故《ゆえ》に衆《しゅう》と与《とも》に相《あ》い辨《さだ》むれば、辞《ことばすなわ》則ち理《ことわり》を得《え》ん。

〔訳〕第十七条。大事なことは独断で決めずに、必ず皆の智慧を集めて評議・検討して決めよ。小さな事は必ずしも皆に諮《はか》る必要はないが、大事な事を決める時は、判断を誤ることがあってはならないから、十分に論議を尽くして決めるのがよい。皆と相違点や問題点をよく話し合って対応を明らかにしていけば、正しい道理に適《かな》った結論を得ることができるであろう。

●「五箇条の御誓文」に受け継がれた聖徳太子の精神

第十七条は、〈問題が生じた時には、まずそれが大事なことか小さな事かを明らかにし、大事なことについては衆知を集めて評議・検討することが重要だ〉と説きます。これ、すなわち〈智〉を致すことです。

「夫れ事は独り断むべからず。／衆と与に相い辨むれば、辞則ち理を得ん」の成句は、第一条の「上和《かみやわ》らぎ、下睦《しもむつ》びて、事《こと》を論ずるに諧《かな》えば、則《すなわ》ち事理《じり》自《おの》ずから通ず、何事《なにごと》か成《な》らざらん」と相通《あいつう》じており、その精神は〈和〉に収斂《しゅうれん》されています。

このことから、「憲法十七条」が君主制絶対主義ではなく衆議制を勧めていることは明らかですが、ここにいう「衆」とは、現在の民主主義にいう〝国家主権たる国民により選ばれたる議員による衆議制〟とはもちろん異なり、朝廷内の決められた範囲内での衆、恐らくは「冠位十二階」に位する官人を想定したものでしょう。

その中でも、特に朝議に列せられたのは、律令制における「従五位下《じゅごいげ》」以上に相当する〈大徳《だいとく》・少徳《しょうとく》・大仁《だいにん》・小仁《しょうにん》〉の爵号に位する官僚たちであったかと思われます。

氏姓制度に基づいた一部の権力者が政《まつりごと》を独断専権《どくだんせんけん》することが常態化していた当時にあって、「衆と与に宜しく論ずべし」と提唱した聖徳太子の先取《せんしゅ》の精神は、中世および近世でも尊重され、やがて明治維新の「五箇条《ごかじょう》の御誓文《ごせいもん》」に受け継がれていきます。

「五箇条の御誓文」とは、

広《ヒロ》ク会議《カイギ》ヲ興《オコ》シ、万機公論《バンキコウロン》ニ決《ケッ》スヘ《ベ》シ
上下《ショウカ》心《ココロ》ヲ一《イツ》ニシテ、盛《サカン》ニ経綸《ケイリン》ヲ行《オコナ》フ《ウ》ヘ《ベ》シ
官武一途《カンブイット》庶民《ショミン》ニ至《イタ》ル迄《マデ》、各其志《オノオノソノココロザシ》ヲ遂《ト》ケ《ゲ》、人心《ジンシン》ヲシテ倦《ウ》マサ《ザ》ラシメン事《コト》ヲ要《ヨウ》ス
旧来《キュウライ》ノ陋習《ロウシュウ》ヲ破《ヤブ》リ、天地《テンチ》ノ公道《コウドウ》ニ基《モトヅ》クヘ《ベ》シ
智識《チシキ》ヲ世界《セカイ》ニ求《モト》メ、大《オオイ》ニ皇基《コウキ》ヲ振起《シンキ》スヘ《ベ》シ

というものです。（ルビは著者）

一箇条目の〈広く会議を興し、大事なことはすべて皆で話し合って決めましょう〉は、「憲法十七条」の第十七条をそのまま受け継いだものでしょう。

二箇条目〈身分の上下を問わず、心を一つにして国家を治め整えていきましょ

う〕は、第一条〔上和らぎ、下睦びて、事を論ずるに諧《かな》えば、則ち事理自ずから通ず〕に通じています。

また、三箇条目〔文官も武官も一般庶民も、飽きることなくたゆまず努力して各自の職責を果たし、またその志を実現できるように努めましょう〕は、第七条〔人には各《おのおの》任《にん》有り、掌《つかさど》ること宜《よろ》しく濫《みだり》ならざるべし〕に通じています。

四箇条目〔古くからの不合理な習慣を棄てて、なにごとも普遍的な正しい道理に基づいて行動しましょう〕は、第八条〔群卿百寮《ぐんけいひゃくりょう》、早く朝《まい》りて晏《おそ》く退《さが》れ〕や第九条〔信《しん》は是《こ》れ義の本《もと》なり。事毎《ことごと》に信有れ〕および第十五条〔私《わたくし》に背《そむ》きて公《おおやけ》に向うは、是れ臣の道なり〕にその意を重ねて読みとることができるでしょう。

さらに、五箇条目〔智識を広く求めて、天皇を基《もとい》とする国家を大いに発展させましょう〕は、第三条〔（国家・国民に対する慈愛の念《おもい》から発せられる）詔《みことのり》を承《うけたまわ》りては必ず謹《つつし》め〕や、第十二条〔百姓《ひゃくせい》より斂《おさ》めとること勿《なか》れ〕および第十六条〔民《たみ》を使うに時を以《もっ》てする〕などいくつかの条文と重なっています。

このように、御誓文の内容は「憲法十七条」の精神を広く踏襲しており、明治天皇はこれを天神地祇《てんじんちぎ》に誓う儀式を通して示されたのです。

そして、昭和天皇もまた、終戦翌年（昭和二十一年）の元旦に詔《みことのり》された「新日本《シンニッポン》建設《ケンセツ》ニ関《カン》スル詔書《ショウショ》」（通称）において、この「五箇条の御誓文」を日本における民主主義の起点として掲げ、これに基づいて「新日本の建設という大業《たいぎょう》を汝《なんじ》ら国民とともに成し遂げようぞ」と国民の奮起を促されました。

●〝異質な小事〟を軽視しない〝めざめた凡夫〟になる

「少事は是れ軽し、必ずしも衆とすべからず。唯大事を論ずるに逮びては、若し失有らんことを疑う」については、文言《もんごん》としてはわかりきったことですが、問題は「何が大事《だいじ》で何が小事《しょうじ》なのか」ということ、あるいは「大事の前兆と思われる小事に気づくか気づかないか」ということです。

特に危惧されるのは、やはり「目の前に現出している小事が大事に至ってしまう」ことです。

その戒めとしてよく知られている法則に「ハインリッヒの法則」があります。それは、〈一つの重大事故の背景には二十九の軽微な事故があり、さらにその背景には三百の〝ヒヤッ〟とするような異常が存在する。しかも、それらが同じような原因に根差していることから、その前兆を少しでも早く捕捉できれば重大事故を未然に防ぐことができる」という法則です。米国のハインリッヒが、「労働災害の発生状況」を調べた統計調査から導き出した法則で、「一対二十九対三百の法則」ともいわれています。

重大なことは、その統計学的数字ではありません。「まさかこんなことになるとは……」と弁解する前に〝異質な小事〟を軽視しないことであり、そのためにも目の前の小事が本当に単なるささやかなことなのか、あるいは大事につながる前兆なのかを判断する直感と智慧が必要です。

その〝異質な小事〟を敏感に感じ取る鋭敏な直感と智慧は、朦朧《もうろう》とした惰性の感覚から生まれるはずはなく、常に覚醒した意識・感覚を持ち続けることで養われます。

「起《た》って高楼《こうろう》に向かって暁鐘《ぎょうしょう》を撞《つ》く」（王陽明《おうようめい》）

ということばがあります。一人びとりが、せめて〝めざめた凡夫〟であってほしいものだと願っています。

●リーダーには〝兼聴独断〟が求められる

ところで、「衆と与に相い辨むれば、辞則ち理を得ん」というように、〔大事については独断専行を戒め、衆知を集めて対応を諮《はか》ることがいい結果に結びつく〕わけですが、ここで留意すべきは〝独断専行《どくだんせんこう》〟と〝兼聴独断《けんちょうどくだん》〟の違いです。同じ〝決断〟をするにしても、自分ひとりだけの判断で勝手に行動する独断専行よりも、やはり〔衆知を集めて評議・検討した上での決断〕が一般的には望ましいとされています。

中国前漢時代の劉向《りゅうきょう》著『説苑《ぜいえん》』「権謀《けんぼう》篇」に、

「衆人《しゅうじん》の智は、以《もっ》て天を測《はか》るべし。兼聴独断《けんちょうどくだん》、惟《た》だ一人に在《あ》り」

とあります。

〔さまざまな人たちの知識・智慧を集めれば、天の動きまで知ることができよう。ただし、広く人びとの意見に耳を傾けながらも、最終的な決断はただ一人のリーダー自身にある〕ということです。

つまり〝兼聴独断〟とは、〔多くの意見を兼《か》ねて聴いた上での独断〕つまり〝衆議を尽くした上での決断〟ということで、はじめから他の意見にはまったく耳を貸さないで勝手に決めてしまう〝独断専行〟とは次元が違います。

もう一点、中国春秋時代の『管子《かんし》』「明法解《めいほうかい》」でも、

「明主者《めいしゅは》 兼聴独断」

〔優れたリーダーは兼聴独断だ〕

といいきっています。


ここで閑話ですが、永禄《えいろく》三年（一五六〇年）五月、今川義元は二万五千とも四万とも称される兵を率《ひき》いて上洛を企て、尾張《おわり》へと進軍します。

清州城主《きよすじょうしゅ》・織田信長は重臣たちを集めて軍議を開きますが、その軍議では、大軍に対する常識的な籠城《ろうじょう》策を唱える者が大半だったといいます。しかし、信長は、五月十九日の払暁《ふつぎょう》（明け方）に幸若舞《こうわかまい》「敦盛《あつもり》」〔人間《じんかん》五十年 下天《げてん》（化天《けてん》）のうちを比《くら》ぶれば 夢幻の如くなり〕を舞い、わずかの兵を率いて清洲城から出陣します。

信長は、進軍中に結集した二千とも三千ともいわれる兵を以て田楽狭間《でんがくはざま》の今川本陣を急襲し、ついに義元を討ちます。今川軍は敗走し、信長はこの勝利をきっかけに天下布武《てんかふぶ》（武力による天下統一）へと走り出すのです。

俗に「桶狭間《おけはざま》の戦い」と呼ばれているこの急襲については、まさに信長の〝独断〟で勝ったように思われていますが、信長としては軍議を尽くし、〔常識的な籠城策が大勢《たいせい》を占めている以上、今川軍もそう信じているであろう〕と判断して急襲策を採《と》りました。

これが〝兼聴独断〟です。みんなの意見をよく聴く〝兼聴〟と、十分論議を尽くして相違点や問題点を明らかにした上での〝独断〟こそが、的確な策および結論を得ることができるということなのです。

作家・司馬遼太郎は、

「(田楽狭間での急襲について)信長自身は天候にも助けられた万に一つの奇跡的勝利であったことを十分に承知している。／彼はついに、自分自身の成功を見習わなかった。信長のすごさはそこにあるようです」(一部意訳)

と述べています[10]。

多くの凡夫は、たった一度の奇跡的成果にいつまでも固執・自慢して、あげくの果てに失敗することがよくみられます。独断専行と兼聴独断の大いなる違いについて、よくよく留意しなければなりません。

跋文　〝一隅を照らす〟これすなわち国宝なり

日本天台宗の祖である最澄《さいちょう》が、天台宗（山家《さんげ》）の学生《がくしょう》を養成する目的で朝廷に申請奏上したものに「山家学生式《さんげがくしょうしき》」があります。その冒頭で、〔国宝とは何ものか〕という問いかけに対して、

「道心《どうしん》あるの人、名づけて国宝と為《な》す」〔三宝（仏法僧）に帰依する心のある人を国宝と為す〕とともに、「径寸十枚《けいすんじゅうまい》、是《こ》れ国宝に非《あら》ず、一隅《いちぐう》を照《て》らす、此《こ》れ則《すなわ》ち国宝なり」

と応えています。

ざっくばらんにいえば、〔金銀財宝が宝なのではなく、〝一隅〟つまり今置かれている持ち場持ち場で一所懸命努力し、その場あるいはその社会を明るく照らしてゆく人物こそが宝なのだ〕ということです。

ある人物が一つの燈《ひ》となって周りを照らしてゆく。一隅を照らす一燈《いっとう》が、やがて縁を通じ人脈を通じて少しずつ拡がってゆく。それを「一燈照隅《いっとうしょうぐう》」といいます。

しかし、一燈となる人物の出現を待ち、その燈に照らされることを願っているよ

うでは国の宝とはなり得ません。どうしても、自らが一燈となる覚悟を持たなければなりません。そのためには、自ら大師《だいし》・勝友《しょうゆう》と道縁《どうえん》を結び、わが人生の命《めい》を立てることです。

「小才《しょうさい》は縁に出あって縁に気づかず、中才《ちゅうさい》は縁に気づいて縁を生かさず、大才《たいさい》は袖すりおうた縁をも生かす」（柳生家家訓）

といいますが、縁を生かして自らが一燈となってゆく。そして「一燈照隅」の〝つわもの〟が一人《ひとり》また一人と増え、〝万燈《まんとう》〟となって国を遍《あまね》く照らしてゆく。そこにしか、日本のこれからをよくしてゆく術《すべ》はありません。まずは、あなた自身が一燈にならなければなりません。

次に、序文で「人生三分の計」を提唱しました。詳細は序文をお読みいただくとして、改めて要約すれば、〝第一の人生〟でつまずいても、また〝第二の人生〟が左遷や病気療養の人生であっても、〝第三の人生〟が絶対的なものであれば、きっとその人の人生は満足のいくものであるに違いないということです。この〝第三の人生〟をいかに積極的に生きるかは、〝第二の人生〟をいかに誠実に生きるかにかかっていること。その〝第二の人生〟を誠実に生きる心構えや、そのための智慧・知識を育むために〝第一の人生〟があるということ。したがって、〝第一の人生〟では〔わが人生のものさしをみつけ出すための基本的思考力〕を養えばよいということ。そして、わが人生の最期に臨んで、「ああ、俺の人生、満足だった！」「私の人生、まんざら捨てたものではなかったわ」といえるかどうかは、究極的には〝第三の人生〟をいかに生きるかにかかっているということです。それが、「人生三分の計」の考え方です。

大事なことは、三分された人生それぞれの意義をどれだけわかって〝その時〟を生きるかなのです。

さて、本著は、これからの日本を背負《しょ》って立つ青年のみなさん、そしてすでに日本社会を担っている壮年のみなさんを主たる対象として、「憲法十七条」についてわかりやすく論考したものです。「一隅を照らす」「人生三分の計」というものを意識しつつ、「人とはこういうものではないのかな／こういう生き方もいいじゃないか／人と人との関係は本来こうありたいものだね」といったことを、一つひとつの条文から読みとっていただけたら、ありがたいなと思います。

自然豊かなわが国には、昔から山や海あるいは大きな岩や樹《き》などあらゆるところに「八百万《やおよろず》の神」を信仰する思想があります。日本人のこころの中には〈神々や自然とともに／祖先や家族とともに／仲間やみんなとともに〉という〝共《とも》生《い》き〟の精神、つまり《和の精神《こころ》》が流れています。この日本古来の民俗信仰を本《もと》に、当時の新しい学問であった儒教や仏教の思想をも取り入れて述べられたのが「憲法十七条」です。

二〇二一年は、「聖徳太子大遠忌一四〇〇年」に当たります。これを機に、日本人であればぜひとも、第一条から第十七条まで金科玉条ともいえる「憲法十七条」を味《み》読《どく》して〝日本人のこころ〟に触れ、実人生に活《い》かしていただきたいと願っています。

本稿では、適宜《てきぎ》、故事成句《こじせいく》・片言隻語《へんげんせきご》を掲載しています。人生とはいかなるものかを気づかせてくれるのは、格調高い論文よりも故事成句や片言隻語であることが多いからです。また、各条文を興味深く読んでいただくために、日本の歴史上の人物に関わる話題を「閑話」として紹介しました。歴史上の出来事自体や年代を覚えることよりも、そこに生きた人たちの生き様や残したことばが、私たちを励まし、また慰めてくれるからです。それが、古典や歴史を学ぶ本来の意義であり、また楽しさでもあります。

さらに、語句の理解を助けるために括弧として意味を付記している箇所が多々ありますが、特に注記していないものは『広辞苑』あるいは『明鏡国語辞典』によっていることをお断りしておきます。また、引用文献とは別に、本稿作成にあたり参考にさせていただいた主たる文献については、「主要参考文献」として巻末に記しました。本論各条文（原文は漢文）の読み下し文および現代語訳に際して、特に一貫した底本はありませんが、「主要参考文献」を参考にさせていただいたことも併せてお断りしておきます。

また、本著がなるにあたっては、致知出版社の藤尾秀昭社長、同編集部の小森俊司氏のひとかたならぬご尽力にあずかりました。あつく感謝の意を表します。

令和三年（聖徳太子大遠忌一四〇〇年）二月十一日

永﨑　孝文（淡泉）

【引用文献】〔年号は第一刷発行年（改訂版は改訂第一刷発行年）〕

1）歴史学研究会編：『日本史年表』増補版：岩波書店、一九九五年．
2）尾崎雄二郎他編：『大字源』：角川書店、一九九二年．
3）白川　静：『字通』：平凡社、一九九六年．
4）中村　元 他編：『仏教事典』：岩波書店、一九八九年．
5）津田左右吉：『日本古典の研究　下』：岩波書店、一九四九年．
6）所　功：『国旗・国歌と日本の教育』：モラロジー研究所、平成十二年．
7）山田孝雄：『君が代の歴史』：宝文館出版、昭和三一年．
8）諸橋轍次　他著：『新漢和辞典』：大修館書店、二〇〇二年．
9）小島憲之 他訳：『日本書紀・②』（新編日本古典文学全集3）：小学館、一九九六年．
10）司馬遼太郎：『手掘り日本史』：集英社文庫、一九八〇年．

【主要参考文献】〔年号は第一刷発行年（改訂版は改訂第一刷発行年）〕

大野達之助：『聖徳太子の研究』：吉川弘文館、昭和四五年．
坂本太郎：『聖徳太子』：吉川弘文館、昭和六十年新装版．
金治　勇：『聖徳太子のこころ』：大蔵出版、一九八六年．
武光　誠　他編：『聖徳太子のすべて』：新人物往来社、一九八八年．
梅原　猛　他編：『聖徳太子の実像と幻像』：大和書房、二〇〇二年．
瀧藤尊教：『以和為貴（和を以て貴しと為す）』：善本社、平成十年．
古田紹欽：『聖徳太子と日本人の宗教心』：春秋社、一九九九年．
花山信勝：『聖徳太子と憲法十七条』：大蔵出版、一九八二年．
加藤咄堂：『味読精読　十七条憲法』：書肆心水、二〇〇九年．
宇治谷孟：『日本書紀（下）』：講談社学術文庫、一九八八年．
網野善彦：『「日本」とは何か』：講談社、二〇〇〇年．
吉野裕子：『陰陽五行と日本の民俗』：人文書院、一九八三年．
佐々木憲徳：『山家学生式新釈』：山崎寶文堂、昭和十三年．

久須本文雄訳注：『言志四録』：講談社、一九九四年.
山田済斎編：『西郷南洲遺訓』：岩波文庫、一九三九年.
安岡正篤：『知命と立命』：プレジデント社、一九九一年.

諸橋轍次：『論語の講義』：大修館書店、（平成九年新装六版）昭和四八年.
宮崎市定：『論語の新研究』：岩波書店、一九七四年.
吉川幸次郎：『論語　上・下』：朝日新聞社、一九九六年.
内野熊一郎：『孟子』（新釈漢文大系）：明治書院、昭和三七年.
宇野哲人：『大学』：講談社学術文庫、一九八三年.
宇野哲人：『中庸』：講談社学術文庫、一九八三年.
下見隆雄：『礼記』：明徳出版社、昭和四八年.
和田武司訳：『墨子』（中国の思想Ⅴ）：徳間書店、一九九六年.
藤井専英：『荀子　下』（新釈漢文大系）：明治書院、昭和四四年.
守屋　洋：『六韜・三略の兵法』：プレジデント社、一九九四年.
西野広祥 他訳：『韓非子』（中国の思想Ⅰ）：徳間書店、一九九六年.

本田　濟：『韓非子』（筑摩叢書151）：筑摩書房、一九六九年．
近藤康信：『伝習録』（新釈漢文大系）：明治書院、昭和三六年．
守屋　洋編・訳：『呻吟語』：徳間書店、一九八七年．
石田尚豊編集代表：『聖徳太子事典』：柏書房、一九九七年．
上田正昭 他編：『聖徳太子の歴史を読む』：文英堂、一九九六年．
中村　元：『新　仏教語源散策』：東書選書、一九八六年．
奈良康明：『日本の仏教を知る事典』：東京書籍、二〇〇八年．

〈著者紹介〉

永﨑孝文（ながさき・たかふみ）：〔号は淡泉〕

1950年2月奈良県大和郡山市に生まれる。

1974年京都産業大学経済学部卒業。クラボウ（倉敷紡績株式会社）、藤沢薬品工業株式会社（現・アステラス製薬株式会社）に勤務。2003年3月早期退職。

2003年4月より六年間京都大学文学部中国哲学史研究室に在籍、東洋思想を学ぶ。

編集：『精神科における養生と薬物』『老化の生物学と精神療法』『一燈照隅　豊田良平先生を偲ぶ誌』他。

著書：『日本人なら一度は読んでおきたい「十七条憲法」』『「憲法十七条」広義—〝和魂〟〝漢才〟の出あいと現代的意義—』（奈良新聞社）。

教養として読んでおきたい「十七条憲法」

令和三年四月一日第一刷発行

著者　永﨑　孝文

発行者　藤尾　秀昭

発行所　致知出版社

〒150-0001東京都渋谷区神宮前四の二十四の九

TEL（〇三）三七九六―二一一一

印刷・製本　中央精版印刷

落丁・乱丁はお取替え致します。　（検印廃止）

ISBN978-4-8009-1252-7 C0095

ホームページ　https://www.chichi.co.jp/

Eメール　books@chichi.co.jp